城市桥梁揽胜

穆祥纯 ◎ 著

华夏出版社

图书在版编目（CIP）数据

城市桥梁揽胜 / 穆祥纯著. -- 北京：华夏出版社有限公司, 2025. -- ISBN 978-7-5222-0809-1

Ⅰ. U448.152.5

中国国家版本馆 CIP 数据核字第 2024Q431N8 号

城市桥梁揽胜

著　　者	穆祥纯
责任编辑	霍本科　王梓臻
特约编辑	杨　冰
责任印制	刘　洋
美术编辑	李嫒格

出版发行	华夏出版社有限公司
经　　销	新华书店
印　　装	三河市万龙印装有限公司
版　　次	2025 年 5 月北京第 1 版　2025 年 5 月北京第 1 次印刷
开　　本	710×1000　1/16 开本
印　　张	14.25
字　　数	271 千字
定　　价	78.00 元

华夏出版社有限公司　社址：北京市东直门外香河园北里 4 号
　　　　　　　　　　　　邮编：100028　网址：www.hxph.com.cn
　　　　　　　　　　　　电话：010-64663331（转）
　　　　　　　　　　　　投稿合作：010-64672903；hbk801@163.com

若发现本版图书有印装质量问题，请与我社营销中心联系调换。

老穆说桥

于素祥题

祝贺穆祥纯同志新书《城市桥梁揽胜》出版

业精于勤

淡泊明志

厚积薄发

潜心致远

中国土木工程学会原理事长
住房和城乡建设部原副部长

谭庆琏

序 一

欣闻北京市市政工程设计研究总院原副总经理穆祥纯同志的新书《城市桥梁揽胜》即将出版，谨表热烈的祝贺！

我与祥纯同志相识20余载，深切感受到他是一个充满激情的人。他有着强烈的事业心，热爱自己的工作，勤奋好学，刻苦钻研，成为所从事领域的翘楚；他性格开朗，为人真诚，团结同志，热心助人，成为大家的朋友；他积极参加社会公益活动，多次到基层单位、中小学校讲解党的政策、讲授科技知识，是充满正能量的社会活动家；他热爱生活，读书、写作、旅游、摄影、弹琴、唱歌、打球……尽管已经退休，但他依旧朝气蓬勃，生活依旧丰富多彩！

这本书包括14个专题，展示了中外城市桥梁的胜景，可帮助广大读者朋友从历史性、实用性、科学性、可读性、趣味性等方面，对中外城市桥梁有一个全面了解。

我对祥纯老友充满了钦佩！衷心祝愿他开心快乐、永葆青春！

北京市政协原副主席

2024年9月

序 二

作为本书作者的老朋友，我首先祝贺获得国务院政府特殊津贴专家、教授级高级工程师、北京市市政工程设计研究总院原副总经理穆祥纯先生的专著《城市桥梁揽胜》即将出版。穆祥纯先生潜心桥梁事业，深稽博考，笃志求真，笔耕不缀，推广桥梁知识，传播桥梁文化，让我深感敬佩。

众所周知，在现代城市中，城市桥梁已远远超出了作为一种建筑本身的作用，它集中反映了一个城市的人文与科学水平，是一个城市的象征，是城市的灵魂和名片。

中国桥梁在世界桥梁史上占据重要地位，古代的赵州桥、卢沟桥等都被无数西方学者称赞，如今的深中通道、黄茅海跨海大桥、天峨龙滩特大桥、常泰长江大桥、苏通长江大桥、舟山西堠门大桥和港珠澳大桥、杭州湾跨海大桥等也被世界桥梁史所记载，而国外也有日本明石海峡大桥、美国旧金山金门大桥等跨时代的佳作。

"仁者见仁，智者见智"，每个国家或城市的桥梁都有其特点，或简洁明快、纤细流畅，或构造奇巧、精雕细琢，或效法自然、相映成趣，或博采众长、典雅华丽。中外城市桥梁在总结改进、推陈出新中得到了极大的发展，已成为我们生活中一道道亮丽的风景线。

穆祥纯先生长期从事城市桥梁等市政工程的设计与建设工作，在城市桥梁建设方面具有丰富的实践经验，时刻关注城市桥梁相关领域的创新与发展，结合对国外城市桥梁的考察和思考，深入系统地研究中外城市桥梁建设的发展沿革，发表了160余篇高水平的学术论文。

他的这本新作，既展现了国内外桥梁建设的历史沿革和文化内涵，又反映了国外城市桥梁建设的最新成就，令人耳目一新。书中丰富的桥梁美图，令人心旷神怡；全书内容充实、讲解深入浅出，令人茅塞顿开。该专著既是作者多年来辛勤工作的心得和总结，也是献给有志于从事城市桥梁建设事业者的一份礼物。相信广大读者朋友阅读本书，都会感到受益匪浅。

北京交通大学桥梁与隧道工程专业
教授、博士生导师

2024 年 9 月

前　言

回首往事：1992年我第一次在全国桥梁学术会议上发表论文；1993年担任北京市市政工程设计研究总院副院长；1998年起兼任中国工程建设标准化协会副理事长；2004年被评为桥梁专业教授级高级工程师；2009年获国务院颁发的政府特殊津贴；2010年被评为中国工程建设标准化先进个人；2014年12月被评为2014"中国工程建设标准化年度人物"；2024年11月获得国际单轨协会颁发的轨道交通贡献奖……在过去的工作中，本人行政事务较多，但作为一名专业技术人员，我一直秉承着"文章千古好，仕途一时荣"的理念，密切关注我国桥梁工程领域的建设、创新和发展，尤其是城市桥梁的创新和发展，始终坚持每两年在全国桥梁学术会议上发表一篇有分量且以城市桥梁为主题的学术论文，并在其他有影响力的学术刊物上发表论文。这些需要潜心钻研，要比别人多花一些时间，多下一些功夫，扎扎实实地做一些基础性的研究工作。

工作30多年来，我有幸赴世界各国和国内不同城市考察其城市建设特别是城市桥梁建设情况；也正因为赶上了我国快速发展的建设时期，我参与和主持过一批重大工程项目，积累了相关的实践经验，也有了自己的一些思考。

2015年9月，我办理了退休手续，有了一些闲暇。在朋友们的热情鼓励和支持下，凭着对桥梁专业的热爱，以及对传播桥梁文化的执着和责任感，我完成了《城市桥梁揽胜》的写作。

本书包括14个专题，希望通过这本书，使读者对中国和外国的城市桥梁有一个全面、深入的了解。

我公司办公室的宋增国和桥梁专业副总工程师杨冰为本书的出版做了大量的编务工作，本人表示由衷的谢意。

十分感谢住房和城乡建设部原副部长、中国土木工程学会原理事长谭庆琏为本书题词："业精于勤、淡泊明志、厚积薄发、潜心致远"。

还要特别感谢北京市政协原副主席闫仲秋、北京交通大学朱尔玉教授拨冗分别为本书作序，感谢北京市第十三届政协委员、书法家于嘉祥先生为本书题写"老穆说桥"。

同时，对北京市市政工程设计研究总院有限公司在本书出版过程中的大力支持和帮助，致以衷心感谢。由于本人水平和时间有限，书中难免挂一漏万或有不当之处，恳请读者指正。

作　者

2024年9月于北京

目 录

老穆说桥之一：城市桥梁文化 ·· 1

    1.1 桥梁的起源 ·· 1

    1.2 一座桥梁 一抹乡愁 ·· 2

    1.3 架经济纽带 连民生之需 ·· 4

老穆说桥之二：令人自豪的中国桥梁 ·································· 8

    2.1 浙江西堠门大桥 ·· 8

    2.2 跨越黄河的刘家峡大桥 ··· 9

    2.3 上海东海大桥 ·· 10

    2.4 浙江杭州湾跨海大桥 ··· 11

    2.5 上海长江大桥 ·· 12

    2.6 港珠澳大桥 ··· 13

    2.7 润扬长江公路大桥 ·· 14

    2.8 湖南矮寨大桥 ·· 15

    2.9 上海卢浦大桥 ·· 17

    2.10 青岛海湾大桥 ·· 18

    2.11 重庆朝天门长江大桥 ··· 20

    2.12 云南龙江悬索桥 ·· 21

    2.13 苏通长江公路大桥 ·· 22

    2.14 世界上最大跨径的石拱桥 ······································· 23

    2.15 中国最早的可开启的桥梁 ······································· 24

    2.16 香港昂船洲大桥 ·· 25

    2.17 亚洲第一高墩——腊八斤沟特大桥 ·························· 26

    2.18 中国神奇的波浪桥 ·· 27

    2.19 世界最长、最高的大峡谷玻璃桥 ····························· 28

    2.20 创下四个世界第一的湖北黄冈长江大桥 ···················· 28

2.21	天津之眼——摩天轮之桥	29
2.22	中国最早的三层互通式立交桥	30
2.23	中国第一座五层互通式立交桥	31
2.24	别具一格的澳氹大桥	32
2.25	贵州北盘江大桥	32
2.26	广东南沙大桥	34
2.27	武汉杨泗港长江大桥	35
2.28	南京栖霞山长江大桥	36
2.29	湖北四渡河大桥	37
2.30	湖北武穴长江公路大桥	39
2.31	湖南赤石大桥	40
2.32	南京江心洲长江大桥	41
2.33	南京上坝夹江大桥	42
2.34	北京新首钢大桥	42
2.35	武汉天兴洲大桥	43
2.36	珠海鸡啼门大桥	45
2.37	新白沙沱长江特大桥	45

老穆说桥之三：神奇的外国桥梁 47

3.1	世界上最长的悬索桥	47
3.2	规划中的世界最大跨径桥梁	48
3.3	可行驶轮船的桥梁——马格德堡桥	49
3.4	会打卷的桥梁	50
3.5	世界上结构最高的桥梁	51
3.6	奇异的新加坡亨德森波浪人行桥	52
3.7	加拿大冰川天空步道桥	52
3.8	马来西亚天空之桥	53
3.9	新加坡双螺旋人行桥	54
3.10	英国福尔柯克轮桥	55
3.11	卡塔尔多哈沙尔克跨海大桥	56
3.12	鹿特丹"天鹅桥"	57
3.13	用塑胶材料建造的美国尼尔桥	58
3.14	神奇的日晷桥	59

3.15	奇异的斜跨式拱桥	60
3.16	欧洲最高的升降桥	61
3.17	神奇的达·芬奇桥	62
3.18	仿生巨蟒桥	63
3.19	阿根廷女人桥	63
3.20	荷兰斯劳尔霍夫吊桥	64
3.21	奇特的美国浮桥	65
3.22	巴西巨大的X形斜拉桥	66
3.23	意大利大杂烩的集市旧桥	67
3.24	世界上最有名的塔桥	68
3.25	美国金门大桥	69
3.26	全球首座近代斜拉桥	70
3.27	喷泉大桥——韩国首尔盘浦大桥	71
3.28	贝壳状的人行桥	72
3.29	美国钓鱼栈桥	72
3.30	电视秀建造的大桥——圣地亚哥-科罗拉多大桥	73
3.31	古老的桥和坝——郝久古桥	74
3.32	英国盖茨黑德千禧桥	75
3.33	美国古老的悬索桥	76
3.34	欧洲三国桥	77
3.35	美国"今夜星光灿烂"桥	78
3.36	世界上最繁忙的大桥	79
3.37	可行驶汽车和火车的欧洲新桥	80
3.38	非洲最古老的桥梁	80
3.39	桥梁美学的经典——莫斯塔尔古桥	81
3.40	美国的音乐之桥——新月城大桥	82
3.41	俄罗斯古老的开启桥	83
3.42	以茜茜公主的名字命名的桥梁	84
3.43	创意奇迹——厄勒海峡大桥	85
3.44	太阳能风力发电桥	86
3.45	曾被评为世界上最美桥梁的萨尔基那山谷桥	87
3.46	威尼斯叹息桥	88

3.47	剑桥大学叹息桥	89
3.48	折射历史的泰国桂河大桥	90
3.49	跨越欧亚大陆的博斯普鲁斯大桥	91
3.50	俄罗斯的远东第一大桥	92
3.51	从摩天大楼中穿越的空中桥梁	93
3.52	荷兰的水下桥梁	94
3.53	日本锦带桥	94
3.54	德国奇异的石林古桥	95
3.55	反映布拉格本土艺术风情的桥梁	96
3.56	英国庞特基西斯特水道桥	97
3.57	世界上最长的柚木桥	98
3.58	欧洲最长的屋桥	99
3.59	马来西亚双子塔上的人行天桥	99
3.60	荷兰神奇的扭桥	100

老穆说桥之四：我国援建和承建的国外特大型桥梁 101

4.1	引言	101
4.2	我国援建和承建的十座国外特大型桥梁	101
4.3	相关感悟和建议	109
4.4	结语	110

老穆说桥之五：建设智慧城市　打造桥梁强国 111

5.1	引言	111
5.2	智慧城市的内涵诠释	112
5.3	城市桥梁在智慧城市建设中的重要作用	113
5.4	我国城市桥梁建设存在的问题	114
5.5	国内外智慧城市建设中城市桥梁领域的研究趋势	115
5.6	相关对策和建议	117

老穆说桥之六：新时代我国特大型桥梁的创新发展 119

6.1	引言	119
6.2	新时代我国特大型桥梁的创新发展	120
6.3	相关思考	135

6.4 结 语 ·· 136

老穆说桥之七：城市桥梁前沿研究 ·· 137

7.1 我国既有城市危桥改造的实践与研究 ··· 137
7.2 基于性能的城市桥梁抗震设计 ·· 144
7.3 城市桥梁美学与景观设计 ·· 150

老穆说桥之八：21世纪国外特大型桥梁的技术创新 ··· 163

8.1 引 言 ·· 163
8.2 国外典型特大型桥梁的技术创新 ··· 163
8.3 感悟与建议 ·· 169

老穆说桥之九：基于工业化建造理念的城市桥梁 ·· 170

9.1 引 言 ·· 170
9.2 内涵诠释 ··· 170
9.3 反映工业化建造理念的世界城市桥梁 ··· 171
9.4 相关启示和建议 ·· 174

老穆说桥之十：基于创新理念的城市桥梁建设技术与艺术 ··································· 176

10.1 内涵诠释 ··· 176
10.2 相关案例分析 ··· 176
10.3 相关启示 ··· 178

老穆说桥之十一：顺应世界科技发展趋势的新加坡城市桥梁 ······························· 180

11.1 引 言 ·· 180
11.2 新加坡十座典型的城市桥梁 ·· 181
11.3 反映工业化发展水平的城市桥梁建设 ··· 187

老穆说桥之十二：日本现代桥梁的抗震设防 ·· 189

12.1 引 言 ·· 189
12.2 日本两起典型桥梁抗震案例分析 ··· 190
12.3 日本的现代桥梁抗震研究 ··· 191
12.4 相关启示 ··· 195
12.5 相关建议 ··· 196

老穆说桥之十三：城市桥梁减隔震技术的创新与发展 ·········· 198
　13.1　引　言 ·········· 198
　13.2　城市桥梁减隔震的内涵和理念创新 ·········· 198
　13.3　我国桥梁减隔震技术和装置研究 ·········· 199
　13.4　减隔震支座在我国桥梁中的创新应用 ·········· 202
　13.5　相关对策和建议 ·········· 205

老穆说桥之十四：城市桥梁垮塌的案例分析及对策研究 ·········· 206
　14.1　我国城市桥梁垮塌的典型案例分析 ·········· 206
　14.2　桥梁垮塌的成因分析 ·········· 209
　14.3　相关对策和建议 ·········· 211

老穆说桥之一：城市桥梁文化

如众所知，桥梁揽胜就是将世界上各种桥梁胜景收揽于眼底。本书作为中外桥梁的科普著作，综合阐述了城市桥梁文化，向人们展示了令人自豪的中国桥梁、神奇的外国桥梁，并收录一些专题性论述，譬如城市桥梁前沿研究、基于工业化建造理念的城市桥梁、基于创新理念的城市桥梁建设技术与艺术，向大家展示了新时代我国特大型桥梁的创新发展。

1.1 桥梁的起源

桥梁通常指架设在江河湖海上，使车辆、行人等能顺利通行的建筑物。它一般由上部结构、下部结构和附属构造物组成。上部结构主要指桥跨结构和支座系统，下部结构包括桥台、桥墩和基础，附属构造物则指桥头搭板、锥形护坡、护岸、导流工程等。桥梁的结构形式多种多样，根据结构的承载状况和杆件的受力性质分析，可分为三大类型——梁桥、索桥、拱桥。

桥梁建筑的发展与人类文明的进步密切相关。桥梁源于自然，一棵偶然倒下横过溪流的大树、一个天然洞穴，都可称作早期的天然桥梁。在公元前一万年左右，人类开始定居，过着部落生活，更多地修建和使用永久性的桥梁。早期的桥梁均利用石、木、藤等天然材料，简易但跨越能力极弱且不耐久。此后，砖的发明开启了人工材料应用的历史，金属在桥梁上的应用极大地推动了桥梁技术的进步。

中国古代桥梁史上产生了很多优秀的技艺，比如，约7000年前就有的榫卯结构，春秋战国时期的折边技术，汉代的桥梁软土地基小桩密植基础技术，晋代的半圆拱技术，隋代的圆弧敞肩拱桥技术，宋代的链锁纵联并列拱桥建造技术和贯木拱桥建造技术，元代的大型闸桥建造技术，明代超时代的悬链线拱桥建造技术等。这些古代桥梁建造技术在当时均处于世界领先水平。而李春建造赵州桥的故事，1400多年来更是在中华大地上广为流传。

中国是桥的故乡，自古就有"桥的国度"之称。遍布神州大地的桥梁将道路编织成四通八达的交通网络，连接中国的四面八方。我国古代桥梁的建筑技艺，有不少是世界桥梁史上的创举，充分显示了我国古代劳动人民的非凡智慧。

1.2　一座桥梁　一抹乡愁

台湾诗人余光中在其诗歌作品里是这样描写乡愁的："长大后，乡愁是一张窄窄的船票，我在这头，新娘在那头……而现在，乡愁是一湾浅浅的海峡，我在这头，大陆在那头。"虽然倾诉的是乡愁，但都与桥有关。比如船票，再比如海峡，如果有桥梁沟通，是不是乡愁就会不那么惆怅？很多人将自己的情感寄托在桥上，桥也因此承载了人的乡愁。有人说，桥在水上，水在桥下，河水流过，历史已成过往云烟。可以说，桥浓缩了美的情愫，积聚着哲学思索，让人们浮想联翩。

1.2.1　桥是富有情感的

的确，桥是有感情的，是维系人类共同发展的纽带。桥梁的历史就是人类存在的历史，远古时期，原始人在追逐猎物经过小河时，会将树干搭在两岸，以便过河，这就是桥梁的由来。所以说，一部桥梁史就是人类发展史。

悬索桥的创意，据说来源于森林里的猴子，若干强壮的猴子组成一条悬链，让老弱病残的猴子通过。最原始的人类悬索桥，则采用藤条或竹子制成。

我国桥梁历史悠久，到了隋、唐、宋三代，古代桥梁发展到顶峰。元、明、清三代，中国桥梁技术逐渐落后于世界的发展脚步。中国第一座现代化桥梁的出现距今仅100多年，而且是由外国人建造的。从钱塘江大桥算起，中国人自己设计现代桥梁的历史尚不足90年。

20世纪90年代起，中国桥梁建设逐渐显示出与大国精神气质相匹配的成就，我们的桥梁设计、建设重新走到世界前列，拉开了中国桥梁建设伟大复兴的帷幕！

1.2.2　当春运的汽笛声由远到近时

梁桥作为最简单实用的桥型，在桥梁史上出现得最早，虽然在中国古代曾被拱桥的光环所湮没，但却是现代桥梁的始祖。现代梁桥技术中，钢板梁桥和钢桁架梁桥出现得最早，后来，混凝土桥梁以其经济性和便于维护的优势，得到了长足发展。中国的预应力混凝土简支梁桥和连续梁桥在20世纪80年代以后得到广泛应用，成为长桥和大跨径桥梁的主要桥型。浙江省瑞安飞云江大桥单孔最大跨径62m，桥长1722m，是当时中国最大跨径的预应力混凝土简支梁公路桥。1985年建成的湖北省沙洋汉江大桥是首座跨径超过100m的连续梁桥。跨径100m以上的连续梁桥还有广东省广州大桥、广东省江门外海大桥、广东省惠州东江大桥、湖南省常德沅水大桥、贵州省思南乌江桥、天津市永定新河华北桥、湖北省宜城汉江桥、湖北省宜昌乐天溪桥、江苏省南京长江第二大桥北汊桥等，其中南京长江第二大桥北汊桥的最大跨径达到165m，外海桥的连续长度达到880m。

这些桥梁不知承载了多少国人的喜怒哀乐，不知牵动了多少国人的乡愁，更不知送出多少人间的爱和温暖。火车通过一座座桥梁，当春运的汽笛声由远到近时，我们看到多少母亲在翘首期盼。

1.2.3 桥的意味和民族文化情结

一方面，桥梁是寄托着我们的情感的；另一方面，桥梁也是有技术含量的。作为现代梁桥的分支，连续刚构、斜腿刚构等新桥型在20世纪80年代取得了突破性进展。1981年，中国跨径最大的预应力混凝土斜腿刚构桥浊漳河桥建成，成为邯（郸）长（治）铁路上的一座大型桥梁，它位于山西省黎城和潞城交界处，跨越两岸陡峭的浊漳河，主跨达到82m。

1982年底，另一座更大的钢箱形斜腿刚构桥落成，这就是位于陕西省安康水电站铁路专用线上的安康汉江桥，主跨达176m，是当时世界跨径最大的钢斜腿刚构铁路桥。

1988年，广东省广州市郊建成了中国第一座大跨径连续刚构桥洛溪大桥。大桥位于广州市番禺区洛溪渡口，跨珠江后航道，全长1916.04m，为4孔一联三向预应力混凝土连续刚构桥，最大跨径180m，桥面净宽15m。该桥的建设既吸取了中国修建数十座T形刚构桥的经验，又研究了国外同类桥梁的成熟技术，在当时已居亚洲同类桥型首位。

可以说，洛溪大桥为20世纪90年代连续刚构桥的建设奠定了基础，并成就了虎门大桥辅航道桥跨径纪录。1997年6月建成通车的虎门大桥位于广东省珠江三角洲中部虎门古炮台，连接广深、广珠两条高速公路，是珠江三角洲高速公路网的重要组成部分。辅航道桥是主桥的组成部分，桥型为三跨预应力混凝土连续刚构箱形梁，其主航道桥以888m的跨度在当时居全国悬索桥之首，辅航道桥则更以270m的跨径一举创造当时连续刚构桥的世界纪录。

如果单说桥的话，虎门大桥很有技术特点，但当联想到虎门销烟时，人们是不是又多了些比乡愁更浓郁的民族情结？这就是桥的特殊意味和文化内涵。

更有意味的是，因为赵州桥等一批古代拱桥的惊人成就，中国一直被誉为"拱桥王国"。即使在工业革命之后，钢材和混凝土材料的出现也没有完全动摇中国传统石拱桥的根基。中国人基于对"拱"的理解，在20世纪60—70年代还创造了双曲拱桥这一令国人骄傲的桥型。难怪在看完南斯拉夫老电影《桥》后，观众的情绪是那么难以平复。

20世纪80年代以后，钢筋混凝土箱形拱桥、刚架拱桥和桁式组合拱桥等多种桥型逐渐取代了石拱桥和双曲拱桥的地位，缆索吊装、转体施工、劲性骨架浇筑等多种工艺日臻完善。四川省采用转体施工法于1987年和1989年先后建成巫山龙门大桥和涪陵乌江大桥两座上承式箱形拱桥，跨径分别达到122m和200m。1990年在四川省宜宾市建成的小南门桥，跨径达到240m，已是当时世界上中承式拱桥中跨径最大的一座。2001年11月7日，小南门大桥吊杆锈蚀造成部分桥面垮塌，在修复过程中，技术人员对全桥进行了检测，大桥整体结构依然完好。

1.3　架经济纽带　连民生之需

城市桥梁通常是指在城区范围内建造的跨河桥梁、跨江桥梁、跨海桥梁、立交桥梁、人行天桥等，其经济纽带、城市脊梁作用不言而喻。

我国现行的《城市桥梁设计载荷标准》将城市桥梁称作"城市内新建、改建的永久性桥梁和城市高架道路结构以及承受机动车辆荷载的其他结构物"。虽然都是专业术语，但一语道破其重要的功能和作用。

我国几座特大城市，特别是四大直辖市的桥梁建设，较好地体现了中国桥梁的科技发展程度和技术创新水平。

1.3.1　北京之桥，大奖"高产户"

北京是祖国的首都，由于其所处的地理位置无宽深的大江大河，且大规模城市建设起步较早，因而其城市桥梁在我国桥梁建设史上有独特之处。20世纪80年代至21世纪前10年，北京地区建设了一大批复杂立交桥梁、城市跨线桥梁、轻轨铁路高架桥梁等各类大中型桥梁，大多呈现弯、坡、斜的特点。

说到北京桥梁，我们不得不提到北京市市政工程设计研究总院有限公司，因为它担负了北京地区90%以上的桥梁工程设计任务。如永定河大宁水库永定大桥，全长1120m，建成时是北京最长的跨河桥梁，该工程获国家优质工程银奖；北京东便门立交桥是我国首座采用独柱支承的预应力弯箱梁结构的桥梁，该研究课题获北京市科技进步二等奖；北京广安门立交桥采用了预应力混凝土、钢筋混凝土等多种形式并用的点支承异形板桥，桥梁面积达2.1万m^2，实现了我国城市异形板桥结构设计的突破；八达岭高速公路建设中设计了钢管混凝土拱桥、大跨径预应力弯桥等，获得鲁班奖和詹天佑奖；1992年设计的首都机场高速公路四元立交，达到了当时立交设计的最高水平，获得了首届中国土木工程詹天佑奖；2001年竣工的北京市四环路，全线桥梁147座，桥梁面积达48.5万m^2，在桥梁设计方面，该工程从结构耐久性、结构形式、新技术、新工艺等方向进行了优化和创新，达到了国内同类项目的最高水平，获得2003年度中国土木工程詹天佑奖；2003年10月设计完成的北京市五环路共建立交桥55座，其中大型互通式立交桥12座、特大桥11座，全线桥梁259座，桥梁面积69.4万m^2，获得2005年度国家优质工程奖和中国土木工程詹天佑奖；1993年修建的五环路石景山南站高架桥系转体施工的斜拉桥，创造了预应力混凝土曲线斜拉桥单铰转体重量达1.4万t的世界纪录。

截至2019年底，北京地区已建成各式立交550多座，可称中国之最。近年来，北京地区在城市桥梁新桥型的设计和建设上又有了跨越式的发展，譬如京承高速公路潮白河上修建了一座矮塔斜拉桥，地铁5号线上的立水西桥是国内第一座曲线斜拉桥，昌平南环大桥是华北地区体量最大的双塔双索面自锚式悬索桥。在设计理念上亦有了新的提高，在城市桥梁建设新材料、新技术、新工艺的应用上迈出了坚实的一步。

1.3.2 上海之桥，科技造就大跨径

在我国城市桥梁建设史上，特别是大跨径城市桥梁建设方面，上海有着举足轻重的地位。20世纪70年代，上海市政工程设计研究总院（集团）有限公司（下简称上海市政院）在山东省设计了济南东天桥立交桥，系当时国内第一座斜腿刚构的城市桥梁。1982年，上海建设了我国第一座斜拉桥——泖港桥。之后，又在上海火车站附近建造了国内第一座城市斜拉桥——上海恒丰路桥。再之后，上海市政院在重庆嘉陵江上设计了石门大桥，系我国第一座独塔单索面斜拉桥。20世纪90年代之后，上海黄浦江上建造了一批世界级的城市桥梁，如南浦大桥、

杨浦大桥、徐浦大桥和卢浦大桥（主跨为550m的钢拱桥）等。近年来，上海市政院又设计完成了重庆鹅公岩长江大桥（主跨为600m的悬索桥）和上海东海大桥（全长31.6km的跨海大桥）。

1.3.3 天津之桥，斜拉桥"专业户"

天津在我国城市桥梁建设史上占有重要的地位。电影《平津战役》里各支部队会师的那座铁桥，给观众留下了深刻印象。

天津自1987年建成260m的永和斜拉桥以来，已修建了9座斜拉桥，包括主跨钢箱梁边跨混凝土箱梁混合结构的独塔斜拉桥——塘沽海河大桥（主跨为310m），斜独塔斜拉桥——海河保定桥（主桥跨径为51m+120m），以及拱形斜独塔斜拉桥——河北路立交子牙河桥（主跨为145m）等；此外，还建造了2座新颖的钢管拱桥，其中海河大沽桥为不对称拱桥（跨径24m+106m+24m，系由美籍华人邓文中院士构思设计的不对称拱肋钢管拱桥），海河奉化大桥系三跨中承式钢拱桥（跨径56m+138m+56m），其箱形钢箱肋为三维曲线造型，箱顶板呈弧形，箱形钢拱肋之间由几个形状各异的金属叶片状隔板相连接，桥型新颖别致。同时，天津市又修建了自锚式悬索桥——子牙河咸阳路桥（主跨为115m），以及集交通、观光、游览为一体的巨型摩天轮桥梁——永乐桥，上层供车辆行驶，下层供行人通行，并设有餐厅、娱乐等设施，该桥采用的是日本川口卫设计事务所的设计方案。

1.3.4 重庆之桥，领先钢桁结构

重庆于20世纪80年代修建了重庆长江大桥，于1980年7月通车，1988年又建成了由上海市政院设计的石门大桥，这些都是我国城市桥梁的经典之作。

随着直辖市的设立，重庆市桥梁建设蓬勃发展，相继修建了天门长江大桥（主桥为190m+552m+190m的中承式钢桁连续系杆拱桥，2007年底建成）、菜园坝长江大桥（主跨为420m的公共交通和城市轻轨两用大跨径拱桥，且是集刚构、钢桁梁和系杆拱为一体的组合结构体系）等。菜园坝长江大桥的建成通车，将主城区的江北、渝中和南岸三区紧密连接起来，形成重庆市的又一条南北大通道。石板坡长江复线大桥于2006年8月竣工通车，形成石板坡姊妹桥，它将330m梁桥的中部改用103m的钢梁，形成钢混结构，成为钢桁结构桥的世界第一跨。

当然，其他如广州、南京和武汉等城市，近30年来在城市桥梁建设上亦颇

6

有建树。如广州先期建设的海印大桥和番禺大桥，南京近年来修建的南京长江二桥、三桥、四桥，武汉修建的长江二桥、江心洲长江大桥、杨泗港长江大桥等典型工程，都为我国城市桥梁创新做出了突出贡献。特别是江苏南京长江二桥，在特大型深水基础施工、索塔施工、钢箱梁制造、吊装等方面创下了多个中国架桥技术"之最"。

作为一位桥梁设计师和建设者，我认为一位老前辈说得特别好："一位桥梁工程师如果不试图在每项设计中尽可能地进行改进，那么他就没有尽到设计师、工程师的义务。"因此，我们应树立自主创新和集成创新的观念，努力实现原创，不仅仅满足于规模大、跨径大和建设速度快，更应关注城市桥梁工程建设中的创新技术、工程质量和桥梁美学，真正实现创造性设计，给人们留下传世的城市桥梁精品。

老穆说桥之二：令人自豪的中国桥梁

改革开放 40 多年来，随着我国综合国力的增强，全国各地桥梁建设取得了长足的发展。遵循"解放思想、自主建设、博采众长、自主创新"的建桥理念，我国桥梁建设走过了从依赖外援到自主创新的历程。随着经济的快速发展，我国桥梁建设从材料、机械到设备工业，都得到了空前的发展，已跻身世界桥梁建设大国行列，取得了令人瞩目的成就。

我国特大型桥梁的建造主要以悬索桥、斜拉桥和拱桥为主，现代特大型桥梁以悬索桥和斜拉桥为代表，而拱桥作为我国独特的传统代表性桥梁，其设计也充满艺术性和魅力。下面介绍我国 37 座具有代表性的桥梁。

2.1 浙江西堠门大桥

西堠门大桥位于浙江省舟山市，建成时为世界第一跨径的钢箱梁悬索桥。西堠门大桥是连接舟山本岛与宁波的舟山连岛工程 5 座跨海大桥中技术要求最高的特大型跨海桥梁，主桥为两跨连续半漂浮钢箱梁悬索桥，主跨长 1650m，设计通航等级 3 万吨级，设计使用年限 100 年。西堠门大桥具有技术难度大、科技创新多、抗风性能高等特点。该

图 2-1 浙江西堠门大桥

桥的新型分体式钢箱梁关键技术研究成果达到国际领先水平，获 2008 年度中国公路学会科学技术奖一等奖。

在第 27 届国际桥梁大会上，西堠门大桥以其在工程结构、美学价值、环境和谐等方面的杰出成绩，荣获古斯塔夫·林德撒尔奖（Gustav Lindenthal Medal）。

值得一提的是，西堠门大桥和桃夭门大桥分别位于册子岛左右，金黄色的西堠门悬索桥和蓝色的桃夭门双塔斜拉桥，与苍翠的海岛构成别样的新景观。

2.2 跨越黄河的刘家峡大桥

刘家峡大桥是甘肃临夏折桥至兰州达川公路上的关键控制性工程；主体结构为单跨双绞钢桁加劲梁式悬索桥，主跨536m，桥面净宽15m；工程全长1.47km，2010年11月开工建设，2013年12月建成通车。刘家峡大桥建成时为西北跨越黄河的最大跨径桥梁，其设计本身包含多个世界第一。刘家峡大桥在设计和建设时面临着最恶劣的钢桥面工作环境，为世界最大直径的钢管混凝土桥塔、同类桥梁最窄的桥型。大桥建设中自爬升门架安装桥塔钢管施工关键技术达到国际先进水平。

图2-2 甘肃刘家峡大桥

刘家峡大桥的建成通车，改善了甘肃省临夏回族自治州的交通条件和投资环境，促进了当地经贸流通及旅游资源的整体开发，提高了刘家峡水库库区移民的生活水平。

2.3 上海东海大桥

上海东海大桥是上海国际航运中心洋山深水港区一期工程的重要配套工程，为洋山深水港区集装箱陆路集疏运和供水、供电、通信等需求提供服务。上海东海大桥全线可分为约2.3km的陆上段、海堤至大乌龟岛之间约25.5km的海上段和大乌龟岛至小洋山岛之间约3.5km的港桥连接段，总长约为31km。上海东海大桥主航道桥为主跨420m的五跨连续双塔中央索面斜拉桥，主梁为在大跨径斜拉桥上首次采用的钢混箱形结合梁。

图2-3 上海东海大桥

上海东海大桥于2002年6月26日正式开工建设，历经35个月的艰苦施工，于2005年5月25日实现结构贯通，并于2005年12月10日正式建成通车。大桥宽31.5m，分上下行双幅桥面，双向六车道，设计速度80km/h。大桥全线按高速公路标准设计，设计基准期为100年。大桥的最大主航通孔离海面净高达40m，可满足万吨级货轮的通航要求。

上海东海大桥159m高的两座大跨度海上斜拉桥主塔在建成时为国内最高。位于颗珠山岛和大乌龟岛之间的深海大堤绵延1.22km，也是国内的突破和创新。

其最大的奇迹在于建设速度，在风高浪急的外海，运用高效、科学的施工技术，实现大桥贯通仅用3年。

东海大桥的开工建设，标志着我国桥梁建设真正从江河跨向海洋，进入了一个全新的未知领域，体现了中国桥梁建设者的胆略和水平。在大桥海上施工安全措施方面，进行了20多项科研试验，获得了40多项技术专利成果，其中有的已经在国内其他跨海大桥工程中推广应用。

2.4 浙江杭州湾跨海大桥

杭州湾跨海大桥是一座横跨杭州湾海域的跨海大桥，北起浙江省嘉兴市海盐县郑家埭，南至宁波市慈溪市水路湾。杭州湾跨海大桥是继上海浦东东海大桥之后，中国在改革开放后建成的第二座跨海跨江大桥，从宁波到上海可经过此桥。

图2-4 浙江杭州湾跨海大桥

杭州湾跨海大桥全长36km，于2003年6月8日奠基建设，2003年11月14日大桥主桥部分开工建设，2008年5月1日通车运营。

杭州湾跨海大桥设北、南两个航道，其中北航道桥为主跨448m的钻石形双塔双索面钢箱梁斜拉桥，通航标准35000t；南航道桥为主跨318m的A形独塔双索面钢箱梁斜拉桥，通航标准3000t。其余引桥采用30—80m不等的预应力混凝土连续箱梁结构。据核定，大桥共需要钢材76.7万t，水泥129.1万t，石油沥青1.16万t，木材1.91万m^3，混凝土240万m^3，各类桩基7000余根，为当时国内特大型桥梁之最。南滩涂50m×16m箱梁采用整孔预制、大型平板车梁上运梁的工艺，创造了国内外重型梁运架的新纪录。

杭州湾跨海大桥地处强腐蚀海洋环境，为确保大桥寿命，在国内第一次明确提出了设计使用寿命大于等于100年的耐久性要求。大桥的50m箱梁采用梁上运输架设技术,架设运输重量从900t提高到1430t,刷新了世界上同类技术、同类地形地貌桥梁建设梁上运输架设的纪录。这座跨海大桥深海区上部结构采用70m预应力混凝土箱梁整体预制和海上运输架设技术,为解决大型混凝土箱梁早期开裂的工程难题,开创性地提出并实施了二次张拉技术,彻底解决了这一工程"顽疾"。大桥钢管桩的最大直径为1.6m,单桩最大长度89m,最大质量74t,为当时国内外大直径超长整桩螺旋桥梁钢管桩之最。

杭州湾跨海大桥南岸10km滩涂底下蕴藏着大量的浅层沼气,对施工安全构成严重威胁。在滩涂区的钻孔灌注桩施工中,开创性地采用有控制放气的安全施工工艺。

杭州湾跨海大桥的奠基碑是中国第一座青铜奠基碑,高100cm,厚25cm,重500kg,采用铸、锻、刻等多种工艺制作而成,是传统艺术和现代技术融合的结晶。

2.5 上海长江大桥

上海长江大桥南起崇明区长兴岛西南方上海长江隧道登陆处,沿地面横穿长兴岛,北至崇明区陈家镇。上海长江大桥全长16.65km,其中道路6.68km、桥梁9.97km。设计为双向六车道,初步设计桥面两侧加宽紧急带预留给轨道交通线路。上海长江大桥主塔于2007年11月28日顺利封顶,全桥于2008年11月8日竣工,2009年10月31日18时正式通车。

上海长江大桥的主航道桥主跨达到730m,建成时为世界最大跨度的公轨合建桥梁。上海长江大桥公路与城市轨道交通一体化建设,面临诸如规范的空白和箱梁悬臂布置轨道线、桥梁规模与跨度等方面的难题。上海市政工程设计研究总院(集团)有限公司技术团队通过科技攻关,成功解决了预留轨道交

图2-5 上海长江大桥

通设计参数、预留位置、结构的适应性、车桥耦合振动的舒适性、安全性等关键技术问题,填补了多项技术空白,为中国大型公路与轨道交通一体化桥梁的建设

积累了宝贵的经验。

上海长江大桥主航道桥两侧高墩区各有 700m 桥梁采用主跨 105m 的大跨度连续组合箱梁桥，在国内属于首次大规模应用，采用的整孔预制吊装方案也是新的工程实践；在建设过程中制定了大跨度桥梁和各类长联桥梁列车行车安全和技术标准等。此外，10 余项专题研究中的 3 项，经鉴定达到国际先进水平甚至领先水平。

（1）公轨合建桥梁技术：通过大量研究分析，提出了公轨合建桥梁的设计方法与技术标准，推动了相关学科的发展，形成了新理论与新方法，突破了公轨合建桥梁关键技术，形成了系列新技术。

（2）大桥大跨度连续组合箱梁桥技术：我国面向未来的桥梁建设，需要解决桥梁结构可靠性与耐久性等方面的挑战。经比选，上海长江大桥采用了主跨 105m 等高度钢与混凝土组合结构连续箱梁，两联总长 1400m。其研究成果为实现百米级组合结构桥梁造价低于预应力混凝土桥梁、技术经济指标达到国际先进水平提供了理论基础与技术支撑。为了适应长江大桥自然条件与建设条件，桥梁的上下部结构大量采用了钢筋混凝土和预应力混凝土结构。钢筋混凝土与预应力混凝土结构采用预制拼装，对实现高质量、快速施工和降低造价具有重要意义。通过研究，技术人员提出了预制、养护、运输、安装工艺要求，解决了预制构件的连接构造在可靠性、安全性、耐久性等方面的技术难点，为国内同类桥梁建设起到了科技示范作用。

（3）在防灾减灾技术上，针对桥梁基础防船撞、结构抗风、结构抗震、结构耐久性和桥梁健康监测等方面，开展了一系列研究，全面提升了重大桥梁工程的防灾减灾能力，保证了生命线工程的安全、健康运营，具有重要的工程实用价值和社会意义。

2.6 港珠澳大桥

港珠澳大桥是一座连接香港、珠海和澳门的巨大桥梁，对促进香港、澳门和珠江三角洲西岸地区经济的进一步发展具有重要意义。港珠澳大桥主体建造工程于 2009 年 12 月 15 日开工建设。2013 年 4 月 21 日，位于桂山牛头岛的预制厂顺利完成首个海底隧道标准管节。2013 年 5 月 6 日，首节沉管隧道海底安装。2013 年 7 月 30 日，首节 180m 管节海底安装，标志着深海隧道安装全面开启。2018 年 10 月 24 日，港珠澳大桥正式建成通车。

城市桥梁揽胜

港珠澳大桥全长 55km，是世界上最长的跨海大桥。大桥主体工程全长约 29.6km，采用桥隧组合方式，海底隧道长 6.7km。其中，青州航道桥为双塔双索面钢箱梁斜拉桥，全桥采用半漂浮体系，桥跨 1150m。索塔采用双柱门形框架塔，塔高 163m，共设有 14 对斜拉索。

这座大桥的主要创新点展现在：

一是桥梁建成通车后，成为世界上最长的跨海大桥。

二是作为中国建设史上里程最长、投资最多、施工难度最大的跨海桥梁项目，大桥的建成对香港、澳门、珠海的经济社会发展意义深远。

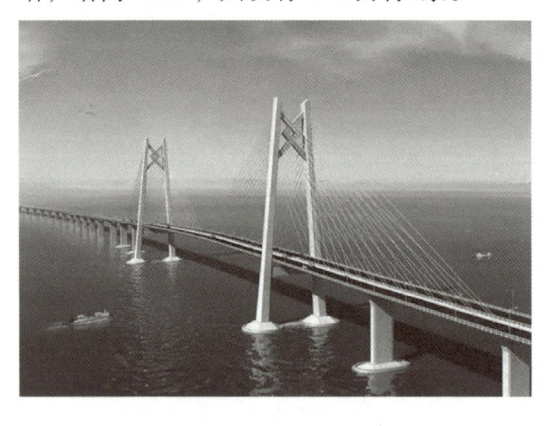

图 2-6　港珠澳大桥青州航道桥

三是进行了外海厚软基大回淤超长沉管隧道设计与施工关键技术研究，形成了"外海厚软基大回淤超长沉管隧道基础沉降控制技术研究""多点非一致地震激励下超长沉管隧道设计方法与振动台试验模拟技术研究"和"沉管隧道节段接头构造型式研究及高水压 120 年设计使用寿命止水带研发"等成果。

2.7　润扬长江公路大桥

润扬长江公路大桥位于江苏省镇江、扬州两市西侧，是当时国内工程规模最大、建设标准最高、投资最大、技术最复杂的现代化特大型桥梁工程，也是中国第一座刚柔相济的组合型桥梁。大桥于 2005 年 4 月建成。

润扬长江公路大桥的主要创新之处在于：

一是第一大跨径。润扬长江公路大桥南汊主桥为主跨径长 1490m 的悬索桥，比曾经的国内第一、世界第四的江阴长江公路大桥主跨还要长 105m。

二是第一特大锚碇。润扬长江公路大桥北锚碇要承受 68 万 kN 的主缆拉力，锚碇由近 6 万 m³ 混凝土浇筑而成，其规模之大为国内第一、世界罕见，被誉为"神州第一锚"。

三是第一特大深基坑。为了给"神州第一锚"这个巨大的锚体安个"家"，必须开挖世界罕见的特大深基坑，这个深度相当于建一座17层楼高的地下城堡。

四是其第一高塔。润扬长江公路大桥南汊悬索桥索塔高达215.5m，是目前国内桥梁中最高的索塔。

五是第一长缆。悬索桥主缆缠丝采用的是国内首次使用的S型钢丝，所用缠丝总长度近3200km，约等于北京至上海距离的3倍，两根主缆每根2600m，为国内第一长缆。

图 2-7　江苏润扬长江公路大桥

六是第一重钢箱梁。润扬长江公路大桥钢箱梁段总长为1485.23m，总重量为21000多t，最大吊装重量达506t，是当时国内最重的一节钢箱梁。

七是第一大面积钢桥面铺装。铺装总面积达70800m²，为近10个标准足球场大小，所用环氧沥青近万吨。

八是为中国第一座刚柔相济的组合型桥梁。

2.8　湖南矮寨大桥

矮寨大桥位于湖南湘西矮寨镇内，距吉首市区约20km。该桥跨越矮寨大峡谷，是吉茶高速公路上一座跨越深谷的特大悬索桥。由于桥址风环境复杂，桥型新颖，因而它的建设也是中国国家高速公路网主干线包茂高速公路吉首至茶峒段的关键工程。矮寨大桥于2007年10月开工建设，2012年3月底正式通车。

湖南矮寨大桥创造了多个世界第一：一是大桥主跨1176m，创跨峡谷悬索桥世界第一；二是首次采用塔、梁完全分离的结构设计方案，创世界第一；三是首次采用轨索滑移法架设钢桁梁，创世界第一；四是首次采用岩锚吊索结构，并用碳纤维作为预应力筋材，创世界第一。

湖南矮寨大桥的主要创新之处在于：

一是避开了不良地质的影响。现场调查、遥感解译和地质勘探均表明，如果采用特长隧道方案，施工和运营期间极有可能引起隧道内大规模高水头涌水（或突泥）、隧道顶地表水源枯竭等环境地质灾害，而悬索桥方案避开了这些不良地质影响，选择了岩性变化较小、路堑边坡稳定性较好的地段，地质稳定，无活动断层，有利于特大桥的修建。

图 2-8　湖南矮寨大桥

二是极大地改善了公路的安全性能。由于特长隧道所处位置特殊的水文、地质条件，其施工安全、运营安全存在极大的隐患；就各种安全隐患的可预测性、易抢救性和可修复性而言，悬索桥方案均优于特长隧道方案。隧道内部不设置硬路肩，也无法设置爬坡车道，安全性也会打折扣。

三是减小了对自然环境的影响。若采用特长隧道方案，则施工会产生多达 180 万 m^3 的废方，沿线高山峡谷，弃渣困难，需大量占用耕地，在峡谷中大量弃方还可能诱发新的地质灾害；而明线方案弃渣量小，且废渣场地可靠，对自然环境影响极小。

四是增强了公路的景观。特长隧道方案需要在一个狭长的峡谷内反复穿越峒河和湘川公路，对峒河风光带破坏较大；矮寨悬索桥与独特的自然景观相得益彰，为矮寨的旅游盘山公路增添了新的人文景观。悬索桥方案从风景区旁通过，充分结合地形设置了多处观景平台，增加了公路景观。

五是提高了社会服务能力。特长隧道方案技术指标低，局部无法满足 80km/h 的设计速度要求，安全隐患多，服务水平低；而悬索桥方案平纵面指标均衡，与地形条件结合协调，行车相对较舒适。且悬索桥方案在排碧台地增设矮寨互通，可有力带动周边乡镇的经济发展。

六是降低了全寿命周期成本。悬索桥方案较特长隧道方案每年可节约运营成本约1亿元，同时每年节约管理养护费约5000万元。特长隧道方案沿国道展线，施工工期对国道正常运行和地方群众出行干扰大；悬索桥方案路线长度缩短约11km，节约了工程投资，提高了运行效益。更值一提的是，一桥飞架矮寨公路奇观，显示出磅礴的气势，并与独特的自然景观相辉映，进一步提升了矮寨的旅游价值。

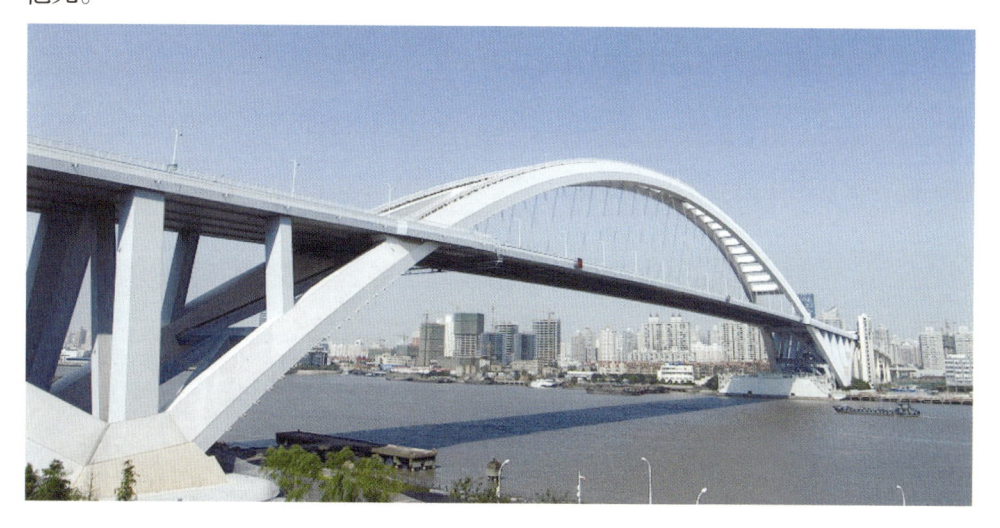

2.9 上海卢浦大桥

上海卢浦大桥是当时世界跨度最大的钢结构拱桥。它也是世界上首座完全采用焊接工艺连接的大型拱桥（除合拢接口采用栓接外），现场焊接焊缝总长度超过4万m，接近上海市内环高架路的总长度。卢浦大桥与澳大利亚悉尼港湾大桥一样，具有旅游观光的功能。卢浦大桥位于上海市卢湾区与浦东新区之间的黄浦江上，卢浦大桥创造的世界上主拱最长的拱桥、钢拱桥纪录，2009年4月被重庆朝天门长江大桥打破，而后者的纪录于2024年2月被广西天峨龙滩特大桥打破。

卢浦大桥全长3900m，主拱桥长550m，拱顶高于江面100m，设双向六车道，于2003年6月28日完工，建成时号称"世界第一拱"，建造耗资约25亿元。

图2-9 上海卢浦大桥

卢浦大桥的主要创新点在于：

一是卢浦大桥的跨径为当时同类桥梁第一。

二是大桥3个节点的设置。在国内外钢拱桥中首次采用中跨钢拱与钢梁的连接点构造，边跨钢拱与钢梁节点构造，中跨、边跨拱座节点构造。

三是提出的把3种不同桥型施工工艺组合后进行大桥安装的设计构想和在最大跨径拱桥上进行抗风性能研究，使其抗风度达到12级、抗震度达到7度等，在国际上都属首创。

四是国际首次全焊接制造。卢浦大桥全桥用钢量达34000t，是国际上首次采用全焊接工艺制造的最大跨径的钢结构拱桥，具有双重先进性。焊缝长度为582km，相当于从上海到南京的来回路程，建设者们以99%的成功率一次性焊接成功。

五是创下软地基建造特大型拱桥奇迹。上海是典型的软土地基，在软土地基上造拱桥历来就是桥梁界的一大难题，更何况是特大型拱桥。卢浦大桥通过在桥面和桥肚各装上8根长度达760m的水平拉索，有效地平衡了巨大的水平推力，创造性地建成了特大型拱桥。

六是首次采用箱形钢拱结构技术。卢浦大桥两片实腹式钢箱拱肋宽5m，拱脚处高9m，渐变至拱顶处高6m，无论是拱桥立面布置还是拱肋断面形式，都处于国际领先水平。

2.10 青岛海湾大桥

青岛海湾大桥又称胶州湾跨海大桥，是我国自行设计、施工、建造的特大跨海大桥。它是国家高速公路网G22青兰高速公路的起点段，是山东省"五纵四横一环"公路网框架的组成部分，是青岛市规划的胶州湾东西两岸跨海通道"一路、一桥、一隧"中的"一桥"。青岛海湾大桥起自青岛主城区海尔路，经红岛到黄岛，全长36.48km，投资额近100亿元，历时4年完工。大桥于

图2-10 青岛海湾大桥

2011年6月30日全线通车。2011年荣膺"全球最棒桥梁"称号。

青岛海湾大桥3个主航道桥（沧口、红岛和大沽河航道桥）分别采用钢箱梁双塔斜拉桥、钢箱梁独塔斜拉桥和独塔自锚式悬索桥，结构简洁、经济合理、美观协调、气势磅礴，是世界上屈指可数的桥梁集群。青岛海湾大桥工程建设技术难度大，条件复杂，受水文、地形、通航、航空和地质结构条件的制约。

青岛海湾大桥的主要创新点在于：

一是工程规模大。为当时世界建设长度最长的海上桥梁，大桥全长41.58km，包括主跨为260m和120m的稀索钢斜拉桥及主跨260m的自锚式悬索桥。有世界上首座海上互通立交——红岛互通立交；全桥海上钻孔灌注桩共5127根，创海上钻孔灌注桩数量世界新纪录。

二是防腐蚀体系新。由于大桥受盐害、冻融、海雾、台风、暴雨、工业排放物等多重腐蚀的综合作用，所处环境恶劣，大桥防腐蚀体系具有独创性。通航孔桥关键部位采用外加电流阴极防护技术，索塔全部进行涂装，确保关键结构的耐久性。

三是施工工艺新。大桥自开工以来创造21项施工新纪录，混凝土套箱无封底技术为世界首创。通航孔桥钢箱梁大节段吊装工艺、海上ϕ2.5m桩群采用旋挖钻机施工、基于实时动态载波相位差分（RTK）技术和虚拟参考站（VRS）技术的全桥测量定位系统，均创国内施工新纪录。

四是设计结构新。通航孔桥斜拉桥采用分幅稀索钢箱梁形式和销结耳板锚固方式，结构简洁明快，具有独创性。自锚悬索桥采用大跨径独塔260m单空间索面结构，主梁为双边钢箱梁加横向连接箱结构，取消了海中悬索桥大型锚碇基础，结构造型恢宏，气势磅礴，同类结构为国内首次采用，锚固体系在设计上独具匠心。非通航孔桥首次大规模采用双幅分离的60m跨预应力混凝土结构形式，整孔预制吊装，施工工艺先进，设计合理，提高了施工质量，大大加快了施工进度。

五是建设运作模式新。它是国内首座通过项目法人国际招标，采用BOT（Build–Operate–Transfer，建设–经营–转让）管理模式建设管理的海上特大型桥梁工程，也是我国大型桥梁工程建设管理的一次历史性尝试，与国际大型项目管理模式逐步接轨，为我国公路桥梁建设管理体制创新提供了参考和借鉴。

六是管理手段新。应用4D技术和4D管理理念，形成青岛海湾大桥4D施工管理系统，为国内首创；采用银团贷款、银行承兑汇票与人民币利率掉期业务等方式，实现融资，为国内重大项目融资模式首创。

七是科研技术成果新。水下无封底混凝土套箱技术获2009年度中国公路学会科技进步特等奖;"基于 IFC 标准的建筑工程 4D 施工管理系统的研究和应用"课题,于 2009 年获住建部"华夏建设科学技术奖"一等奖。

2.11 重庆朝天门长江大桥

2009 年 4 月 29 日,被誉为"世界第一拱"的朝天门长江大桥竣工通车,重庆市又增加了一个标志性建筑,往返江北区五里店、青草坝与南岸区弹子石之间,只要 10 分钟。朝天门长江大桥全长 4881m,主跨达 552m,共 2 层,第一层为双向六车道,两边各设有宽 2.5m 的人行道,第二层中间则是双线轨道线,实现轨道交通"六线一环"中的"一环"。

朝天门长江大桥的创新点在于:

一是首次推出主跨 552m 的公轨两用飞燕式多肋钢桁架中层式拱桥,跨径为世界同类桥梁之最。

二是主桁结构中支点采用支座,使得大桥结构体系在外部为三跨连续梁受力体系。

图 2-11 重庆朝天门长江大桥

三是大桥采用双层交通，轨道交通与汽车通道上下分离，互不干扰。为保证轨道交通乘客过江时有较好的视觉感受，取消了桁架斜腹杆。

四是成功研制并应用世界上最大吨位（145000kN）的抗震支座。

五是整个大桥主桁构造除 E15 采用整体节点外，其余均采用拼装式节点，方便施工。

六是采用钢结构系杆和预应力系杆相结合的方式，钢结构系杆在构造上同时作为钢桁梁的一部分，其平面与主桁拱平面重合，系杆与主桁拱间的连接构造简单，受力明确。

七是大桥采用了先进的架梁起重机、斜拉扣挂技术，结合抬高梁体高程使主桥转动的思路，实现先拱后梁零应力合龙模式，为世界首例，易于保证成桥线形。

2.12 云南龙江悬索桥

龙江悬索桥位于云南省西部、横断山脉南段，路桥垂直跨越龙江，为双塔单跨钢箱梁悬索桥，保山龙陵岸索塔高度为 169.688m，保山腾冲岸索塔高度为 129.703m。龙江悬索桥全长约 2470m，桥面离江面 280m，最高的索塔顶到江面 470m，主桥跨径布置为 320m + 1196m + 320m，抗震设防烈度为Ⅸ度，是云南省首座特大跨径钢梁悬索桥，也是亚洲山区最大跨径的钢箱梁悬索桥。2016 年 4 月 20 日，龙江悬索桥历时 5 年建成通车，实现了昆明至腾冲全程高速，通行时间缩短为 7.5 个小时。

图 2 - 12　云南龙江悬索桥

| 城市桥梁揽胜

龙江悬索桥的主要创新之处在于：

一是龙江悬索桥作为保腾高速公路重要控制性工程，桥型为主跨1196m的双塔单跨钢箱梁悬索桥，桥面宽33.5m（含检修道），是国内山区首座跨径超过千米的钢箱加劲梁悬索桥。

二是龙江悬索桥缆索吊系统为当时国内跨度最大（1196m）、吊装质量最大（170t）的缆索吊系统。

三是在国内大跨径桥梁施工中首次采用无人飞行器牵引先导索过江施工技术和索股入鞍段预成型及架设技术。

四是在国内首次采用圆形缠丝+缠包带方式+除湿系统方式进行主缆防护。

五是在国内首次采用喷洒葡萄糖酸钠作为缓凝剂，配合水枪冲刷的施工方法进行锚碇混凝土凿毛施工。

六是在桥梁大体积混凝土中成功采用火山灰作为混凝土外掺剂，提高了桥梁工程的耐久性。

2.13 苏通长江公路大桥

苏通长江公路大桥横跨苏州（常熟）和南通两市，西距江阴大桥82km，东距长江入海口108km，是国家高速公路沈阳至海口通道的过江枢纽，也是江苏省公路主骨架重要的过江节点。大桥于2003年6月开工，2007年6月主桥合龙，2008年6月30日建成通车。

苏通长江公路大桥全长32.4km，主桥采用100m+100m+300m+1088m+300m+100m+100m跨径布置，跨江大桥总长8206m，主跨度1088m，为双塔斜拉桥。

苏通长江公路大桥建成通车后，上海至南通的车程由以往的3个多小时缩短为1个小时，由此，南通快速融入苏南板块和上海，且由于南通的中间位置，整个苏中、苏北地区与上海的时空距离也都大大缩短，跨

图2-13 苏通长江大桥

入了与长三角城市群"无缝对接"的时代。从此,南通和苏州一北一南,遥相呼应,以上海为核心,形成鼎足而立的新型城市组团,为长三角区域经济发展提供更强劲的支撑。

2.14　世界上最大跨径的石拱桥

图 2 – 14　山西丹河大桥

丹河大桥是晋焦高速公路上的一座特大型石拱桥,主跨 146m,是目前世界上同类桥型结构中最大跨径的桥梁,其桥梁宽度、荷载等级和桥梁美学也使石拱桥的设计建设水平提升到一个新的高度。丹河大桥位于山西省晋城市太行山脉南端,于山西晋城—河南焦作高速公路 K10 + 300 处跨越丹河。大桥于 1997 年 11 月开工建设,2000 年 7 月建成。

丹河大桥为全空腹式变截面石板拱桥,桥面宽度 24.8m,桥梁高度 80.6m,其跨径组成为 2×30m + 146m + 5×30m,桥梁全长 413.7m,净矢高 32.444m,主孔净跨径 146m,是目前世界上最大跨径的石拱桥,已被正式列入吉尼斯世界纪录。桥梁栏杆由 200 多幅表现晋城市历史文化的石雕图画与近 300 个传统石狮子组成,体现了现代文明与传统文化的完美结合。

腹拱由 14 个等跨径腹拱组成空腹式断面,为减轻拱上建筑重力,增加结构的透视与美学效果,腹拱墩采用横向挖空形式;腹拱采用边孔设三铰拱、跨中设置变形缝的构造形式。

大桥人行道内侧采用混凝土防撞墙，外侧采用石质工艺栏杆。桥梁侧面采用主拱圈及人行道出檐措施，增加桥梁的美学效果。大桥的北桥头小山包上建有观景台一座，可俯视丹河大桥及丹河太极湖的美景；观景台正中建有穿越太行大型石雕一座，表现了太行人民改天换地的伟大力量和智慧。

大桥为世界大跨径、高荷载石桥设计与施工提供了成功的范例，同时也大大丰富了中国石拱桥的科技内涵。

2.15 中国最早的可开启的桥梁

天津解放桥，位于天津火车站与解放北路之间的海河上，是一座全钢结构可开启的桥梁。桥长97.64m，桥面总宽19.50m，桥身分为3孔，中孔为开启跨。开启跨为双叶立转式，在桁架下弦近引桥部分背贴一固定轨道，开桥时活页桁架沿轨道移动开启，以便让开更大的通航净空。合则走车，开则过船，"万国桥下过大船"，曾是海河一景。解放桥不仅是天津的标志性建筑物之一，也是连接河北、和平两区，沟通天津站地区的枢纽桥梁。

图2-15 天津解放桥

老穆说桥之二：令人自豪的中国桥梁

解放桥附近原有一座老龙头桥，是法租界当局要求清政府于1902年修建的。随着城市交通的发展，1923年筹建新桥，1927年正式建成后，老桥被拆除。解放桥原名"万国桥"，即国际桥之意，北连老龙头火车站（天津站旧称），南通紫竹林租界地。因当时的天津有英国、法国、俄国、美国、德国、日本、意大利、奥地利、比利时九国租界，故得此名。而此桥位于法租界入口处，又是由法租界工部局主持建造的，所以当时天津民众更愿意称它为"法国桥"。抗日战争胜利后，国民政府以蒋介石的名字命名此桥，改称"中正桥"。1949年天津解放后，此桥正式更名为"解放桥"，并沿用至今。

2007年1月18日，经过8个多月的封闭施工，解放桥完全按照原貌修复完成并通车，恢复了桥体开启功能，为靓丽的海河再添新景。

2.16　香港昂船洲大桥

图 2-16　香港昂船洲大桥

香港昂船洲大桥为世界上最长的斜拉桥之一，于2009年12月正式通车。昂船洲大桥全长1.6km，为双向三线高架斜拉桥，是香港8号干线的主要组成部分。昂船洲大桥位于香港葵涌货运码头入口，横跨蓝巴勒海峡，向西伸延至青衣岛，主跨度为1018m，边跨各为289m，为双塔双索面斜拉桥。桥面全宽53m（中间16m为无桥面区），双向六车道，桥下通航净宽900m，桥下净高73.5m。

主跨及近桥塔49.75m范围内的边跨，采用2个分离式的钢箱梁，钢箱梁各宽18.50m，分别设在独柱式桥塔的两侧，各为单箱三室，用横梁将左右两箱连接，横梁间距为18m。边跨的其余部分为混凝土箱梁，断面形式与主跨相似，边跨的横梁间距为15m。

昂船洲大桥桥塔高298m（以承台顶面以下2m为水平基准面算起），桥面以上塔身为空心圆柱形，桥面以下部分为椭圆形，圆柱形底部外径为14m，顶部为7m；塔为空心结构，底部壁厚2m，顶部壁厚0.8m。塔顶118m索区范围为钢混组合截面，此段塔柱外包不锈钢外壳，其余均为钢筋混凝土结构。

2.17　亚洲第一高墩——腊八斤沟特大桥

腊八斤沟特大桥是四川雅安至西昌高速公路跨越腊八斤沟的一座特大桥，位于四川省雅安市荥经县境内，主桥跨径组合为105m+2×200m+105m，桥长约1140m，单墩跨径最大200m，其主跨为变截面连续刚构结构，采用分幅设置。腊八斤沟特大桥10号墩高达182.5m，有"亚洲第一高墩"称号。

腊八斤沟特大桥采用了钢管混凝土组合柱结构，这在我国桥梁建设史上是第一次。高墩采用了节段安装的方式，先在桥墩四角安装4根直径1m多、高12m的钢管柱，钢管柱内浇筑混凝土，再用钢筋混凝土将4根钢管柱包围，并用钢筋混凝土板连接，形成空心箱结构。一层完成之后，再向上进行第二层。钢管柱内采用C80混凝土，强度为普通混凝土的4—6倍，以加强大桥的强度。

图2-17　四川腊八斤沟特大桥

2.18 中国神奇的波浪桥

长沙梅溪湖大桥被称为中国的波浪桥。这座桥是一个工程奇迹，其独特的建筑结构吸引了全世界许多工程师的注意。莫比乌斯带风格的人行天桥架在龙王港河上，跨度约为149.3m。这座大桥在不同层次上有不同的路线。

图 2-18　长沙梅溪湖大桥

长沙梅溪湖大桥属于龙王港河的大型总体规划的一部分，旨在重新赋予梅溪湖区活力。该桥是一座步行桥，高24m，长185m，灵感源自古老的民间艺术。大桥独特的造型如同一个长长的中国结，连接两岸，成为独特的地标性建筑物。

梅溪湖大桥由荷兰NEXT建筑事务所设计，相互交织而又蜿蜒盘旋的设计灵感源于经典的莫比乌斯环和中国结。主桥采用异形钢桁架结构，外挂棕红色拉伸穿孔铝板，内置点光源若隐若现、随机变化，神秘而又极富现代感，与北京望京SOHO、美国苹果飞船总部大楼、加拿大玛丽莲·梦露大厦等齐名，共同跻身美国有线电视新闻网（CNN）评选的"世界最性感建筑"排行榜。

2.19　世界最长、最高的大峡谷玻璃桥

图 2-19　张家界大峡谷玻璃桥

张家界玻璃桥长 430m、宽 6m，桥面距谷底约 300m，可站 800 人。看到这么"高大上"的桥，不少人表示，腿已经软了，不过也有人要来一场说走就走的玻璃桥之旅。张家界大峡谷玻璃桥桥面全部采用透明玻璃铺设，整个工程无钢筋混凝土桥墩。该桥是世界首座斜拉式高山峡谷玻璃桥，创下世界最高玻璃桥、世界最长玻璃桥等多项世界之最，成为世界桥梁建设的典范。

针对张家界大峡谷是典型的喀斯特地貌这一特性，为确保桥面安全稳固，景区不仅花费近一年时间对桥两边的山体进行加固处理，还在原来的基础上将玻璃桥再延伸 60m，桥面拓宽 2.8m，成倍增加桥的安全系数。

2.20　创下四个世界第一的湖北黄冈长江大桥

湖北黄冈长江大桥被称为创下四个世界第一的大桥。黄冈长江大桥位于湖北省黄冈市黄州区唐家渡上游，上距阳逻长江大桥约 37km，下距鄂黄长江大桥约 17km，东岸是唐家渡开发区，西岸是鄂州市华容区葛店镇。黄冈长江大桥全长 4008m，其中公铁合建段长 2568m。

黄冈长江大桥在建成时创下四个世界第一：

一是主跨 567m，建成时居世界已建成公铁合建桥梁之首，超过了武汉天兴

洲长江大桥 504m 的主跨，是武汉长江大桥 128m 跨度的 4 倍多。

二是上层公路桥面宽于下层铁路桥面，采用上宽下窄的倒梯形主梁结构形式，腹杆倾斜设置，主桁采用平行四边形箱形截面，主桁杆件倾斜度大，空间斜主桁倾斜角度达 20.3532°（斜率达 1∶2.7），为世界同类桥梁之最。

三是大桥斜拉索为空间双索面，采用低松弛高强度（抗拉强度 1770MPa）镀锌钢丝组成的平行钢丝斜拉索，最大一根斜拉索由 475 股平行钢丝组成，最长索达到 298m，自重达 50t，在当时为世界上最大规格的平行钢丝斜拉索。

四是在火车、汽车等活载作用下，斜拉桥边跨辅助墩会出现拉力，为此专门设计了适用于黄冈长江大桥的 HGQZ-50000/10000 型拉压钢支座，其最大抗拉吨位达 10000kN，建成时为世界上抗拉吨位最大的拉压钢支座。

图 2-20 黄冈长江大桥

2.21 天津之眼——摩天轮之桥

天津之眼，全称天津永乐桥摩天轮，坐落在天津市红桥区海河畔，是一座跨河建设、桥轮合一的交通设施，兼具观光和交通功用，也是世界上唯一建在桥上的摩天轮，是天津的地标之一。

摩天轮直径为 110m，轮外装挂 48 个 360°透明座舱，每个座舱可乘坐 8 人，可同时供 384 人观光。摩天轮旋转一周所需时间为 28 分钟，到达最高处时，周边方圆 40km 以内的景致一览无余，被誉为"天津之眼"。

在天津还有一个关于摩天轮的传说：摩天轮上的每个盒子里都装满了幸福，所以当人们仰望摩天轮时，就是在仰望幸福。确实，天津之眼从"睁开"的那一天起，就让幸福飘溢，就守望着天津这座希望之城。

图 2-21　天津永乐桥摩天轮

2.22　中国最早的三层互通式立交桥

1979 年兴建的建国门立交桥是我国第一座机动车与非机动车完全分行的三层互通式立交桥。它的建设，标志着具有"自行车王国"之称的中国在道路立交设计技术方面迈出了坚实的一步。

建国门立交桥位于东城区和朝阳区交界处，是我国第一座机动车与非机动车分行的苜蓿叶形互通式立交桥。主桥上部结构为箱形截面预应力钢筋混凝土简支梁，采用青石板护坡。东西方向自行车道设计在第二层，南北方向自行车从桥东西两端主路下通过，桥上是东西进出建国门的车道桥，最下层是南北通行的车辆。以桥为界，桥西侧是东长安街（属东城区），桥东侧是建国门外大街（属朝阳区），由建国门外大街继续往东可到通州区。南边是东便门桥，北边是朝阳门桥。转弯车辆可通过南北两侧的匝道改变行车方向，无论南北方向还是东西方向的车辆，右转弯时直接右转即可，左转弯时则必须连续右转弯才能达到左转弯的目的。

全桥共有3座桥梁、6个桥洞，造型美观大方，布局合理，通行能力强。

图2-22 北京建国门立交桥

2.23 中国第一座五层互通式立交桥

上海市浦东杨高路罗山路立交桥，是我国第一座五层互通式立交桥，北接杨浦大桥，南经内环线通南浦大桥，东西方向与杨高路相接，是内环线快速干道与浦东主干道杨高路相交的枢纽。

浦东杨高路罗山路立交桥由非机动车与人行地道、横穿的杨高路、内环线至杨浦大桥的主线连路桥、杨高路至杨浦大桥的左转匝道、杨浦大桥至杨高路的左转匝道五层组成，桥梁全长2399m，道路全长10173m。该立交桥在交通功能上具有行车无交织点、远近结合、安全流畅的特点；同时结构新颖，外形轻巧美观，富有时代气息。

图2-23 浦东杨高路罗山路立交桥

2.24 别具一格的澳氹大桥

澳门的澳氹大桥（嘉乐庇总督大桥，俗称旧大桥或旧桥），是连接澳门半岛和氹仔岛的第一座跨海大桥，由葡萄牙桥梁专家贾多素设计。大桥于1970年6月动工，1974年10月5日正式通车。

澳氹大桥全长2569.8m，引桥长2090m，桥面宽9.2m，对开各两车道，两侧还留有宽0.8m的人行道。大桥由6个桥墩支撑，最大跨径为73m，高度35m，桥下任何时候大型客轮都可畅通无阻。大桥原以澳门总督嘉乐庇的名字命名，后因市民通称"澳氹大桥"，便取而代之。大桥造型独特，富有节奏感，是"澳门八景"之一。

图2-24 澳门澳氹大桥

2.25 贵州北盘江大桥

2016年9月，高耸的索塔挺立在贵州北盘江两岸的山头，映入人们眼帘的是红色桥梁梁体与28对拉索，它们融为一体，如同即将远航的帆船，连起了贵州都格与云南宣威。贵州毕都高速公路北盘江大桥合龙，两地车程由4个小时缩短为1个小时。北盘江大桥全长1341.4m，桥面到谷底垂直高度565m，成为当时世界第一高桥。同时，大桥东西两岸的主桥墩高度分别为269m和247m。北盘江大桥为连续钢桁梁斜拉桥，720m 的主跨径在同类型桥梁中排名世界第二。

前期勘察结果表明，北盘江大桥主跨的跨径须超过 670m，这一数字已超出了梁式桥、拱桥、混凝土斜拉桥的适用跨径范围，同时综合考虑桥位处的地形条件、施工方案的可行性等因素，只能在钢桁架梁斜拉桥、钢桁架梁悬索桥（坝陵河大桥的桥型）两个方案中进行比选。最终，这座大桥创新性地推出了山区特大跨径钢桁梁斜拉桥方案。

图 2-25　贵州北盘江大桥

大桥主桥两岸端部设计高程与山坡顶部地面高程接近，设计者创新性地提出在边跨增设一个辅助墩、边跨采用顶堆的施工方案：边跨钢桁梁顶推与索塔同步施工，边跨钢梁就位后，主跨采用桥面吊机进行拼装。该施工方案既可以大大降低山区高支架施工风险，又能缩短工期，更重要的是对桥下水域无污染，不会破坏岸坡稳定，真正做到绿色工程、环保工程。这种施工方法在斜拉桥施工中属首次应用，参建各方及专家被设计组细致巧妙的方案征服，一致同意选用钢桁梁斜拉桥方案。

北盘江大桥作为一座世界级桥梁，建设中面临山区大体积承台混凝土温控、超高索塔机制砂高性能混凝土泵送、山区超重钢锚梁整体吊装、边跨高墩无水平力的钢桁梁顶推、大跨钢桁梁斜拉桥合龙五大技术难题。

面对重重技术难题，大桥建设者发挥"争科技领先、创管理一流"的企业精神，以项目为依托，以创新为核心，通过"小课题解决大问题，小创新实现大效益"，成功攻克五大技术难题：一是在国内率先实现将机制砂混凝土泵送高度提升到269m，二是钢桁梁斜拉桥上应用步履式顶推，三是斜拉桥上采用先边跨后中跨的非对称施工，四是做出大桥两岸采用不同施工工艺架设加劲梁等 4 项技术创新，五是实现了大桥的完美对接。

以边跨高墩无水平力的钢桁梁顶推为例，工程创新性采用模块化钢桁梁自动顶推，为钢桁梁顶推开启双保险。北盘江大桥桥深墩高，承重能力强，但受弯受拉的能力有限，大桥辅助墩墩高84m，相当于28层楼高，对于这样的"大高个"，上面稍有风吹草动都会引起下面的剧烈晃动。采用钢桁梁步履式顶推技术，可大大减轻墩身所受的水平力，从而控制辅助墩根部的弯矩。通过技术攻关，钢桁梁步履式顶推可以自动调节不同工位钢桁梁自重分配的不均匀性，实现了顶推过程中荷载转换、支撑系统往复移动、桥梁结构稳步前移的功能。通过循环"顶—推—降—缩"几个步骤逐步完成梁的顶推，实现钢桁梁的竖向、顺桥向的移动或调整，保证钢桁梁的坡度与全桥线形，最终完成重达6600t的边跨钢桁梁顶推施工。该技术荣获第十七届中国专利奖金奖。

2.26 广东南沙大桥

南沙大桥，原称虎门二桥，是广东省境内一座连接广州市南沙区与东莞市沙田镇的跨海大桥，西起广州市东涌立交，东至东莞市沙田立交，位于珠江狮子洋之上，为广州—龙川高速公路的西端部分；是继港珠澳大桥之后，珠江三角洲又一座世界级桥梁工程。南沙大桥于2013年12月28日动工建设，2018年11月20日完成合龙，2019年4月2日建成通车。

图2-26 广东南沙大桥

南沙大桥工程全线由7座引桥、3处互通立交桥和2座超千米级特大跨通航悬索桥组成，全桥段大致呈东西方向布置。大沙水道桥位于东涌镇和海鸥岛之间，为一座单跨简支钢箱梁悬索桥；坭洲水道桥位于海鸥岛与沙田镇之间，为一座双塔非对称式（东端无悬索结构）两跨连续钢箱梁悬索桥。为了美观，两座主桥均采用框架式门形结构。塔柱顶端向桥梁中心倾斜，并且下横梁顶面以上塔柱斜率相同；塔柱断面采用圆倒八边形，根据结构受力特点，上、中、下采用不同壁厚，共设2道或3道横梁，横梁断面也采用圆倒八边形。引桥连续箱梁下部结构采用板式墩，墩身设凹槽成哑铃形，以提升墩身景观效果。

大沙水道桥与坭洲水道桥同样采用天圆地方塔形式，体现刚柔相济、动静相宜和阴阳平衡的建筑思想。两座主桥轻盈飘逸，风格统一。为节约用地，大桥海鸥岛互通立交采用环形立交整体式螺旋匝道的设计方案，上下行需绕行3圈。高空俯瞰，海鸥岛互通立交桥就像一个巨大的音符，与两座超千米的跨江特大桥交相辉映。

2.27　武汉杨泗港长江大桥

武汉杨泗港长江大桥是武汉市长江上的第十座长江大桥，于2019年10月8日通车运营。大桥位于武汉长江大桥上游约6km处，路线全长约5.8km，按双层十二车道布置，主跨1700m，钢桁架主梁，混凝土桥门架塔。

图 2-27　武汉杨泗港长江大桥

经与桥隧同深度设计研究比选论证，最终确定采用桥梁过江方案。武汉杨泗港长江大桥的上层桥面直接与汉阳国际博览中心立交桥和武昌八坦立交桥连接，承担快速通过功能；下层桥面与汉阳鹦鹉大道、滨江大道和武昌八坦路相接，主要承担区域内交通功能。两岸主桥过鹦鹉大道和临江大道后接入地面。按照设计方案，大桥上层设置6条快速汽车道，下层布置4条慢速车道。考虑到市民过江的需求，设置2条非机动车道，让电动车、摩托车、自行车分区通行。长远考虑，如果非机动车减少，下层也可改为6条机动车道。上下两层均有人行道，可供市民观光、游览、慢跑。

杨泗港长江大桥的创新点在于：

一是建成时为世界上跨径第二大的悬索桥。

二是大桥设计为双层公路桥，充分考虑快行、慢行、机动车、非机动车以及行人观光漫步的需求，由此获得"功能最全跨江大桥"的美誉。

三是在桥梁设计时，充分利用桥位资源，一次性留足最大功能潜力，将"快慢"分开双层布局，让过江交通更为高效。

四是一座桥能满足诸多功能，这在世界范围内都不多见。

五是大桥的钢桁梁主桁节点为全焊接整体节点，具有较大的刚度及更大的跨越能力。

六是这座大桥为全国首座跨越长江的双层公路大桥。大桥建成后，长江大桥至白沙洲大桥之间形成了由4座造型各异的桥梁组成的桥群，可欣赏"一眼看四桥，座座都不同"的美景。

2.28 南京栖霞山长江大桥

南京栖霞山长江大桥（原称南京长江第四大桥，2019年12月20日更名）位于南京长江第二大桥下游约10km处，是我国跨径最大的双塔三跨悬索桥，在同类桥型中居世界第三，被誉为"中国的金门大桥"，是南京第四座跨江公路桥，总投资68亿余元，于2012年12月正式通车。

图 2-28 南京栖霞山长江大桥

南京栖霞山长江大桥起于南京市六合区横梁镇以东与宁通高速公路相交处，经龙袍镇跨越长江，与对岸石埠桥连接，止于沪宁高速公路相交处的麒麟枢纽，接南京绕越高速公路东南环段，全线设横梁、龙袍、栖霞、麒麟4处互通立交桥，预留红光、仙林互通立交桥，并建有滁河特大桥和七乡河特大桥。

南京栖霞山长江大桥线路全长28.996km，其中跨江大桥长约5.448km，南北接线长21.86km，主跨为1418m三跨悬索桥，桥面宽33m，全线采用六车道高速公路标准，设计速度120km/h。净空宽度按代表船队及5万吨级海轮单孔双向通航布设。

南京栖霞山长江大桥主缆分布为166m+410.2m+1418m+363.4m+118.4m，共2476m；塔顶主缆理论交点高程为234.2m，主缆中心线最低点高程为76.7m，主缆垂跨比1∶9.003。

南京栖霞山长江大桥的创新之处在于：

一是大桥全长28.996km，主跨为跨径1418m的三跨悬索桥，在同类大跨径桥梁中居世界第三。在设计上，大桥主桥和美国著名的金门大桥有着相似的外形，造型美观。

二是复杂地质条件下地下连续墙基础设计复杂的施工技术。根据南锚碇场区分布状况及基岩埋深浅且起伏大等地质特点，南锚碇在国内首次采用长82m、宽59m的∞字型深基坑地连墙支护结构，基坑开挖深约50m，这在世界桥梁史上也是第一次。

三是建设速度创下我国建桥的新纪录，提前4个月完成南锚碇锚体施工，提前3个月实现大桥合龙，创造了国内大跨径悬索桥上部施工工期最短纪录。

四是安全、优质、高效地完成各个阶段的建设任务，实现了1458天安全生产零事故，6878个分项工程优良率100%。

五是获得国家科学技术奖、工法、专利共18项，填补了我国桥梁施工多项技术空白，为类似工程积累了宝贵的施工经验。

2.29 湖北四渡河大桥

湖北四渡河大桥是目前我国在深山峡谷里修建的最大跨径悬索桥，同时也是世界首座跨径达900m以上的山区特大悬索桥。

四渡河大桥地处湖北宜昌与恩施交界处，位于恩施州巴东县野三关镇四渡河上，坐落于鄂西武陵崇山峻岭中。大桥全长1365m，由长1105m的大桥和长228.9m的路基组成。其中，大桥主跨长900m，桥面宽24.5m。大桥恩施岸索塔高118.2m，宜昌岸索塔高113.6m，塔顶至峡谷谷底高差达650m，桥面距谷底560m，相当于200层楼高，被誉为世界第一高悬索桥。

| 城市桥梁揽胜

图 2-29　湖北四渡河大桥

四渡河大桥由 71 个节段组成，节段最大吊装长度 12.8m，最大吊装重量 91.6t，桥区地形起伏巨大，施工场地狭小，运输条件困难。

四渡河大桥的创新点在于：

一是桥梁跨越四渡河峡谷，桥面行车道与峡谷谷底高差达 560m，被誉为世界第一高悬索桥。

二是宜昌岸隧道式锚碇单缆拉力 200000kN，为我国最大规模的悬索桥隧道式锚碇之一，隧道锚位于分岔式公路隧道上方，与公路隧道的最小距离为 23m，相互影响情况复杂，国内外尚无先例。

三是主缆跨中设置刚性中央扣，为国内首次采用，与常规设置纵向阻尼器相比，既有效提高了桥梁纵向刚度及抗风稳定性，改善了结构受力特性，又减少了后期维护工作量。

四是采用创新可更换式锚碇锚固系统。

五是特大型钢混组合结构桥面为国内首创，在技术上取得突破性的进展。

六是借助火箭弹发射先导索过峡谷，开创了国内乃至世界建桥史上的先河。

2.30 湖北武穴长江公路大桥

湖北武穴长江公路大桥地处长江中游，位于黄冈市武穴市和黄石市阳新县之间，是麻城至阳新高速公路的过江通道，连接麻竹高速公路、沪蓉高速公路、大广高速公路、武英高速公路、沪渝高速公路、杭瑞高速公路和众多的省道、县道，是联系鄂东北及其以西以北地区与江西、福建等东南部地区的省际快速通道。2016年1月27日，武穴长江公路大桥动工兴建；2020年12月25日，通过交工验收工作；2021年9月25日，开通试运营。

武穴长江公路大桥长1403m，为80m+290m+808m+75m+75m+75m双塔双索面非对称混合梁斜拉桥。全线按照高速公路标准建设，设计速度100km/h。长江大桥段采用双向六车道，路基宽度33.5m，长江大桥（不含布索区）宽度33.5m，其他路段采用双向四车道。

图2-30 湖北武穴长江公路大桥

武穴长江公路大桥的创新点在于：

一是大桥作为《长江经济带综合立体交通走廊规划（2014—2020年）》中长江干线新建过江通道规划重点项目之一，具有重要的经济、交通和环境意义。

二是主桥桥型方案为主跨808m的双塔双索面非对称混合梁斜拉桥方案，且斜拉桥塔为H形，具有结构先进、受力合理和桥型美观的特色。

三是大桥建设坚持科学的态度，在选址上充分考虑规划的长远性、路网结构性、区域带动性、建设的经济性，充分做好项目开工的准备工作。

四是武穴长江公路大桥对于完善长江通道布局,加强鄂赣两省经济和交通联系,推进区域资源的整合开发,促进革命老区经济社会发展具有十分重要的意义。

五是在建桥过程中,建设者们发扬"争科技领先、创管理一流"的企业精神,以项目为依托,以创新为核心,成功攻克诸多技术难题。

2.31 湖南赤石大桥

湖南省郴州市汝城县到郴州市高速公路赤石大桥,为同类型桥梁工程中世界第一大跨径高墩多塔混凝土斜拉桥。赤石大桥也被誉为湖南境内与矮寨特大悬索桥比肩的"超级工程"。赤石大桥的顺利通车,宣告厦蓉高速公路湖南段全线贯通。

赤石大桥位于宜章县赤石乡,桥位跨青头江河道。赤石大桥设计为四塔双索面预应力混凝土斜拉桥,主桥全长1470m,于2016年10月28日建成通车。

图2-31 湖南赤石大桥

赤石大桥主体结构为165m+3×380m+165m四塔双索面预应力混凝土斜拉桥,边塔支承、中塔塔梁墩固结体系,边跨、中跨之比为0.4342,桥塔呈H形,主桥各塔均布置23对斜拉索,拉索纵向呈扇形布置。

赤石大桥的创新点在于:

一是其跨径为380m,是世界上跨径最大的高墩多塔混凝土斜拉桥。

二是其墩高在技术上有巨大突破,为182m,是目前世界上最大墩高的多塔混凝土斜拉桥。

三是其塔形设计为双面双曲线 S 形，具有创新性，充分反映了力与美的结合。它的最大周长达到 109m，外面有 24 个面，里面有 36 个面，结构特殊，被称为"小蛮腰"。

四是建造者们在没有任何经验可借鉴和现成工法可遵循的情况下，进行了 9 大技术创新，破解了 10 大技术难题，取得国家专利 13 项。

五是赤石大桥桥位处地形、地质条件极其特殊，因此大桥科技含量高，结构新颖，工程规模巨大，技术特殊，获得多项工法及科技成果奖，为山区高速公路特大型桥梁建造提供了宝贵经验。

2.32　南京江心洲长江大桥

南京江心洲长江大桥，也称南京长江第五大桥，于 2020 年 12 月 24 日通车运营。从索塔到组合梁，南京江心洲长江大桥是世界上第一座真正意义上的钢混组合结构大跨径桥梁。该桥在世界上首次创新采用了钢壳-混凝土组合结构索塔，承载力高，抗震性能优越，景观效果好，可有效提高索塔的结构性能和长期耐久性。

图 2-32　南京江心洲长江大桥

南京江心洲大桥的主塔、桥面等都是在工厂完成生产，再运到施工现场进行组装，工厂化、装配化施工比例高达 80%。工厂化的建桥方案有效减少了现场作业强度和难度，提高了工程速度和质量，同时大大减少了对桥位环境和长江生态的影响。南京江心洲大桥的建成，标志着我国的大跨径桥梁建设工厂化施工技术向前迈进了一大步。

2.33 南京上坝夹江大桥

位于南京江北新区的上坝夹江大桥，西起104国道与205国道交叉的浦泗立交，全长11.5km，全线采用双向六车道。

上坝夹江大桥按一级公路标准设计，设计速度为100km/h，于2020年12月24日与南京江心洲长江大桥同时通车。上坝夹江大桥为主跨500m的独柱形钢塔双索面钢箱梁斜拉桥，全长2100m，是国内首座独柱分离式主梁钢塔斜拉桥；主桥桥面总宽54.4m，建成后成为长江上最宽的桥梁，刷新了之前48m的最宽纪录。上坝夹江大桥兼

图 2-33 南京上坝夹江大桥

具城市快速路功能，两侧各设宽4m的行人和非机动车道，同步配有上桥电梯，方便大桥周边居民通行。

大桥下游2km就是水源保护区，所以在建设过程中十分注重对长江和周边环境的保护。大桥设置了桥面径流收集系统，两岸建有3处沉淀池和事故池，所有桥面上的雨水、污水或者桥上车辆泄漏的液体都不会流入长江。

2.34 北京新首钢大桥

新首钢大桥是北京市境内的一条连接石景山区和门头沟区的过江通道，横跨永定河，建设时为全球首例双塔斜拉刚构组合体系桥，是北京市长安街西延工程的关键节点。新首钢大桥于2016年6月正式开工建设，2019年1月18日完成合龙，2019年9月29日正式通车。

新首钢大桥是全世界第一座全面采用数字技术设计、建造的超大跨径复杂钢桥，全长1354m，宽54.9m，主路设四上四下八条车道。这座兼具力与美的雄伟大桥仿佛一件巨大的钢铁艺术品。大桥标志性的造型是两座外倾的门形钢塔，一

高一低，通过一条条斜拉索，拉起全桥近3万t重的钢箱梁。从远处看，好像两个面对面坐在地上的人，脚抵着脚，手拽着钢索，各自向后拉伸。通行于这段名为"和力之门"的主桥时，仿佛在穿越时空隧道。

新首钢大桥作为唯一的特大跨径斜桥，凭借多项技术创新和突破先后获得国际桥梁大会（IBC）尤金·菲戈奖、中国钢结构协会科学技术奖特等奖、中国公路学会科学技术奖一等奖、华夏奖一等奖、中国土木工程詹天佑奖特等奖、"2018—2023十大最美桥梁"等多项荣誉和奖励。

图2-34 北京新首钢大桥

新首钢大桥还有一些不易察觉的亮点，比如主干路中央隔离带的栏杆，它不仅具备防撞功能，夜间还能挡住对面车辆射来的灯光，消除对驾驶人视野的影响。为保障步行市民的出行安全及良好体验，大桥在机动车道两侧分别设置了3.5m宽的非机动车道和3m宽的人行步道。人行步道不仅设计了无障碍设施，还涂有防滑材料。同时，大桥最外侧的栏杆可以让市民舒服地趴在扶手上远眺。

在全面提升交通功能的同时，新首钢大桥在设计上还充分利用了桥下空间。桥墩柱的错落布置使大桥下形成众多围合空间，既能保证市民休闲健身的安全性，结构上又不失通透感。

2.35 武汉天兴洲大桥

武汉天兴洲长江大桥，建成时为世界上最大的公铁两用桥，是继武汉长江大桥之后的武汉第二座公铁两用桥。天兴洲长江大桥位于湖北省武汉市，西北起于汉口平安铺，东南止于武昌武青主干道，是武汉市的第六座长江大桥、第二座公铁两用桥，也是武汉三环线重点工程。大桥于2009年12月26日建成通车，总投资约110.6亿元。

城市桥梁揽胜

天兴洲长江大桥是世界上第一座按四线铁路修建的双塔三索面三主桁公铁两用斜拉桥，正桥全长4657m，全桥共91个桥墩，混凝土总量约85万m^3，其中公铁合建部分长2842m。上层公路为六车道，宽27m；下层铁路为四线，其中两线一级干线、两线客运专线。

南汊主桥为98m+196m+504m+196m+98m双塔三索面公铁两用钢桁梁斜拉桥。斜拉桥主梁为板桁结合钢桁梁，3片主桁，桁宽2×15m，钢梁全长1092m，钢梁总质量为46000t。主塔采用钢筋混凝土结构，承台以上高度为188.5m；每塔两侧各有3×16根斜拉索，索的材质为镀锌平行钢丝，最大截面为

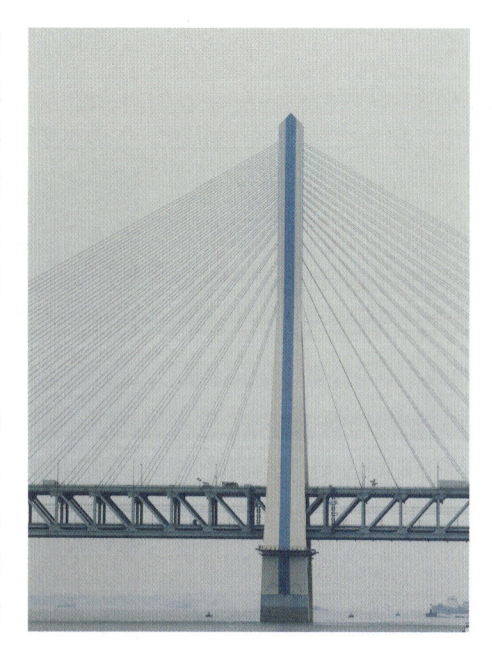

图2-35 武汉天兴洲长江大桥

451ϕ7mm，最大索力约12500kN，索最大长度为271.9m、重41.2t，斜拉索总重量为4550t。

天兴洲长江大桥气势恢宏，其工程量相当于武汉长江大桥和芜湖长江大桥的总和。它集众多桥梁新技术、新结构、新工艺、新设备于一体，是继武汉、南京、九江和芜湖长江大桥后，中国公铁两用桥梁建设的第五座里程碑，是中国铁路建设史上一次新的跨越。天兴洲长江大桥的"三索面三主桁公铁两用斜拉桥建造技术"荣获国家科技进步奖一等奖。

天兴洲长江大桥的创新之处在于创造了跨度、速度、荷载、宽度四项第一：

一是斜拉桥主跨504m，建成时为世界公铁两用桥梁跨度之首。

二是可以同时承受$2×10^5$kN的荷载，建成时是世界上荷载量最大的公铁两用桥梁。

三是可满足列车250km/h的运行速度，在当时位居世界第一。

四是主桁宽度30m，建成时为世界同类桥梁第一。主桥首次采用三片主桁、三索面的新型结构；公路桥面采用正交异性板和混凝土板结合体系，铁路桥面采用混凝土道砟槽板结合体系。

五是天兴洲长江大桥通行火车多，按四线设计，建成时其宽度在同类型桥梁中居首位。

44

2.36 珠海鸡啼门大桥

珠海双湖路鸡啼门大桥，位于双湖路 A 段线位上，北起鸡啼门水道乾务北侧，南至鸡啼门水道小林联围南侧，是贯穿金湾区和斗门区城市干道全线的控制性工程。大桥总长 1210m，跨越鸡啼门水道。鸡啼门大桥为中央索面部分斜拉桥，两主塔高 32.9m，双向六车道，设计速度 60km/h。鸡啼门大桥建成通车后，已成为珠海西部斗门区和金湾区的"新动脉"。

图 2-36 珠海鸡啼门大桥

鸡啼门大桥于 2017 年 8 月 1 日开工建设，建设者们克服了施工环境差、外部干扰大等不利因素，积极应对台风、暴雨、疫情的恶劣影响，经过 3 年的鏖战，相继攻克了超厚淤泥层桩基施工和雨滴式鞍座穿索施工等一系列技术难题，在鸡啼门水道上成功建成了这一桥梁。

2.37 新白沙沱长江特大桥

新白沙沱长江特大桥位于重庆市长江白沙沱河段，是渝贵客车线、渝贵货车线引入重庆枢纽的重要过江通道，也是远期预留渝湘客车线的过江通道。大桥于 2013 年 1 月 1 日动工兴建；2018 年 1 月 25 日，上层客车线投用运营；2019 年 4 月 24 日，下层货车桥投用运营。

新白沙沱长江特大桥全长 5320.334m，主桥全长 920.4m，主跨 432m，上层为速度 200km/h 的四线客运专线铁路（预留两线），下层为速度 120km/h 的双线货车线,是世界上首座双层六线钢桁梁铁路斜拉桥,也是世界上首座跨径最大、荷载最重的六线钢桁梁铁路斜拉桥。

新白沙沱长江特大桥具有多线、大跨、重载、双层等明显特征,大桥主要的技术创新如下:

一是大桥的双层桥面、六线铁路布置,为铁路桥梁首次采用,在世界上尚没有先例。

二是大桥单点锚固索力达15000kN,超过了以往铁路斜拉桥的锚固索力,每延长米的恒载达975kN,活载达336kN,建成后成为世界上承受单位长度荷载最大的铁路斜拉桥。

图 2-37 重庆新白沙沱长江特大桥

三是为了承受单点15000kN的索力,采用了并置双索锚固整体双锚拉板+锚箱的复合式索梁锚固结构。

四是采用两片主桁矩形断面承受六线铁路荷载,避免了三片主桁受力分配复杂、制造安装难度大的缺点。

五是采用多重措施减轻桥梁二期恒载重量,以控制桥梁总体荷载,降低了主桥用钢量。

老穆说桥之三：神奇的外国桥梁

3.1 世界上最长的悬索桥

目前世界上最长的悬索桥为日本明石海峡大桥。大桥坐落在日本神户市与淡路岛之间，横跨本州岛与四国岛，全长3911m，设有6条高速车道。大桥的主跨为1991m，边跨为960m，两座主桥墩高297m，基础直径80m，水中部分为60m。两条主钢缆每条约4000m长，直径1.12m，由290根细钢缆组成，质量约为5×10^4t。大桥于1988年5月动工，1998年3月竣工。明石海峡大桥首次采用1800MPa级超高强钢丝，使主缆直径缩小并简化了连接构造，但仍以1122m的直径成为当时世界上直径最大的主缆。明石海峡大桥钢塔高度为297m，为世界第一钢塔。大桥设计荷载可以承受里氏8.5级地震。

图3-1 日本明石海峡大桥

| 城市桥梁揽胜

但是，建造这座大桥的最初构想并不乐观。首先，它需要穿越台风走廊，因此必须要经受住时速290km的台风的袭击；其次，它不仅要横跨世界上最繁忙也最危险的航道之一，还要经过一个世界主要地震带的中心。这使得建设工程迟迟难以上马，但是"紫云丸号"沉船事故推动了这一项目的进行。明石海峡大桥的建成，使大阪、神户通往四国地区的交通非常方便。夜晚来临，全桥被华丽彩灯环绕，仿佛一串绚烂珠链横跨海湾，由此获得"珍珠桥"的美名。在这通往梦想的大桥周围，众多观光设施不断涌现，使其成为深受欢迎的旅游胜地。

3.2　规划中的世界最大跨径桥梁

墨西拿海峡大桥是连接西西里岛墨西拿市和意大利本土卡拉布里亚的跨海大桥。建成后的墨西拿海峡大桥将以最短距离连接西西里岛和亚平宁半岛上的卡拉布里亚区，火车、汽车通过海峡仅需3分钟。墨西拿海峡大桥主跨达3300m，建成后将超越世界第一大悬索桥——日本明石海峡大桥（主跨1991m）成为世界上最长的悬索桥。

图3-2　墨西拿海峡大桥效果图

墨西拿海峡大桥为公路铁路两用桥，采用三箱流线形截面，其中两箱供机动车通行，一箱供火车通行。公路桥部分为单向3条车道（2条行车道+1条紧急通行道），铁路桥部分铺设双轨，并在两侧分别设有人行道。结构中采用的流线形截面，具有理想的气动性能。

墨西拿海峡大桥1969年就开始构想，1992年定型，2005年招标，一度中断，2023年恢复。大桥一旦建成，将在亚平宁半岛与西西里岛之间架设一座世界级、超现代的连接通道，发挥巨大的社会、经济和环境效益。

3.3 可行驶轮船的桥梁——马格德堡桥

马格德堡桥位于德国马格德堡附近的易北河上，于2003年10月完工，是一座长918m的大水桥，船只在桥上可以自由航行。它是欧洲最长的水道桥工程，将东部的米特兰德运河与西部的易北-哈威尔运河连接了起来。

图3-3 德国马格德堡水桥

人们印象中的桥梁，不外乎就是让汽车、火车、行人通过，但这座桥主要供船只通过。马格德堡水桥刚开通时，当地人看到大船过桥还有些慌张。德国人花

| 城市桥梁揽胜

了整整一个多世纪才建成这座水桥,轮船可由此通过易北河到达汉堡的海港和南部的德雷斯顿。这座水桥,凸显了马格德堡的地理位置,使其成为水路、铁路和公路的交通枢纽。

3.4 会打卷的桥梁

英国石南花芯研究室设计的会打卷的桥,是一座神奇的桥梁。该桥位于伦敦帕丁顿区。平时,这座桥看起来就是一座普通的钢结构人行桥,但在船只通过河面时,桥身可以卷成圈状,以便船只通过。12m长的桥身由 8 段钢架构成,内部安置有液压油泵,可驱使桥身完成蜷曲动作。

图 3-4　英国会打卷的桥

桥梁最初只是交通设施,但发展至今,不仅建造技术更加完善,而且表现形式也趋于多样。现代新科技力量的注入,使得全球涌现出一批让人叹为观止的工程奇迹。英国这座会打卷的桥,不仅能满足船只通行和行人过桥的需求,也反映了高超的机械加工水平,其大胆的设计构思更是值得人们称赞。

3.5 世界上结构最高的桥梁

米约大桥，因坐落在法国西南的米约市而得名。大桥坐落在深谷之中，采用多桥串联的斜拉桥体系，并由 7 个高耸的桥墩来支撑，其 2 号、3 号桥墩分别高达 245m 和 220m。若算上桥墩上方用于支撑斜拉索的桥塔，最高的能达到 343m，超过法国巴黎著名的埃菲尔铁塔 23m，是世界上结构最高的桥梁。

图 3-5　法国米约大桥

米约大桥总长 2460m，整个结构耗费钢材 36000t，占大桥重量的四分之一，桥墩和桥塔采用混凝土建造。全桥共 8 跨，其中，除了最南与最北两个跨较短为 204m 外，其余桥跨的跨径皆为 342m。由于两端高度不同，全桥以 3% 的纵坡度由南端向北端下降，为了让人在行车过程中能够欣赏到大桥的英姿，桥梁布置在半径为 20000m 的平曲线上。桥面主梁采用钢箱梁结构，高 4.7m，桥面宽 32.05m。

大桥的 7 座桥墩，高度从 77m 到 245m 不等，厚度由底至顶逐渐缩减，墩底断面宽度为 24.5m，到桥面后宽度降为 11m。每一根桥墩都由 16 个段落组成，每个段落质量为 2230t，这些段落本身又是在施工现场以每块 60t 重、4m 宽、17m 长的构件组成的。桥面顶的桥塔高度均为 87m。

3.6 奇异的新加坡亨德森波浪人行桥

亨德森波浪桥是新加坡最高的人行天桥，它衔接了花柏山公园和直落布兰雅山公园。大桥横跨于亨德森河上，全长274m，最高点离开路面36m，足有12层楼高，铁木结构，共有7个桥冠。该桥造型别致，桥身外部犹如波浪，内部则呈长凳状，有4个波峰和3个波谷，给行人提供了观景的新高度，可供行人坐下欣赏新加坡的自然风光和附近的摩天大楼，其波浪状的设计给人以视觉上的冲击力，动感十足。全桥采用无障碍设计，桥面防滑，没有梯阶，设有扶手，极大地方便了老人及行动不便者。晚上在LED灯光的烘托下，它宛若一条游走在两个公园中间的蛇。

图3-6 新加坡亨德森波浪人行桥

3.7 加拿大冰川天空步道桥

加拿大冰川天空步道桥位于贾斯珀国家公园（Jasper National Park），是加拿大最大的高山国家公园中的一处奇景，距离哥伦比亚冰川探索中心只有5分钟的路程。这座悬空架在辛华达峡谷（Sunwapta Valley）之上的神奇的桥，可以让游客踩在玻璃地板上享受风景如画的冰川美景。

这座奇异的天空步道桥于2014年5月开始迎客，其弧形的天空步道从悬崖峭壁向外伸出约30m，游客可以沿着完全开放的峭壁步道抵达辛华达峡谷上方约

280m 的玻璃地板观景台。在天空步道上，你可以尽情眺望辛华达峡谷，甚至是贾斯珀国家公园的山脉。

这一壮观的景点被誉为全球最独特的生态系统之一，同时也是了解生态学、地质学（冰川学）知识及哥伦比亚冰原地区自然历史的绝佳之处。

图 3-7　加拿大冰川天空步道桥

3.8　马来西亚天空之桥

天空之桥是弯曲的行人斜拉桥，位于马来西亚的兰卡威群岛，2004 年 10 月建成。

天空之桥呈圆弧状，主体由钢材料构成。特别让人惊讶的是，这个又大又重的"钢架"居然只用了一根支柱来支撑，支柱高 87m，被固定在山腰，然后再由 8 根钢缆牵引，整个桥就这样被"吊"在了海拔 687m 的高空，连接着两个山头。这也是它得名"天空之桥"的缘由。

这座天空之桥离地面极高，而且很窄，所以要想穿过它，需要极大的勇气。然而就是这个很有挑战性的特点，吸引了很多爱好冒险的游客前来观光旅游，所以它也是马来西亚一个重要的旅游景点。

| 城市桥梁揽胜

图3-8 马来西亚天空之桥

3.9 新加坡双螺旋人行桥

新加坡的双螺旋人行桥位于新加坡滨海湾新市区，是世界上首座双螺旋人行桥，2007年3月底动工建造，2010年4月24日开放通行。这座桥梁的设计师受DNA结构的启发，展现了"生命与延续、更新与成长"的设计理念。桥梁全长280m，宽6m，可同时容纳1.6万人，采用不锈钢钢管建造的两条螺旋曲线相互缠绕，盘旋形成长达280m的核心结构，其双螺旋结构让大桥使用的钢材只有传统箱梁桥的五分之一，同时也让它成了新加坡的一个新地标。桥上设有玻璃顶篷，尤为特别的是桥上设有可供行人休息或眺望市景的圆形瞭望台，该处也是水上运动和烟花表演的最佳观景台。这是一座曲线形的人行天桥，和两端的人行道连接在一起。旁边不远处有一座新的车行大桥，长303m，宽近40m，设有3条双向车道。

傍晚，在落日余晖下，双螺旋人行桥显得格外迷人。到了夜晚，计算机控制的LED灯光使大桥更加绚丽多彩。

图 3-9　新加坡的双螺旋人行桥

3.10　英国福尔柯克轮桥

福尔柯克轮桥位于英国苏格兰，是一座神奇的桥梁。福尔柯克轮直径35m，由一对15m长的吊臂构成，用于升降船只。两条吊臂相距约35m，中部的轴直径3.5m。福尔柯克轮耗资1750万英镑，整个项目的总成本高达8450万英镑，于2002年投入使用。

这座旋转轮桥可以说是船只的电梯，将福斯河、克莱德河和联盟运河连接起来。大转轮可以将船抬升约24m，转轮的最大直径约为35m。

有人说它并不是真正意义上的桥，不过它起到的效果跟一座大桥基本相同。福尔柯克轮是世界上第一个，也是到目前为止唯一的旋转升船机，被誉为21世纪的一大奇观工程。

福尔柯克轮其实就是一个大转轮，两边各有一个对称的可封闭水槽。当船要由高水位开到低水位的运河时，它就由高架水道开入水槽内，然后把水槽封闭，接着大转轮旋转180°，把船运到低水位的运河。旋转吊桥的巨大起重机配备有10个水压的水泵，通过轮体内巨大的齿轮机械结构，能在15分钟内将4艘船

（包括水）吊到35m的高度。与此同时，另一只吊臂将4艘船放下。由于旋转轮体是对称设计，整个装置两边的水槽是对称的，所以船开进去后，两边水槽的重量是接近一样的。因此，整个装置运行起来所需要的能量并不大。福尔柯克轮大大缩短了船只渡过有高度差的运河时的时间。

图3-10　福尔柯克轮桥

3.11　卡塔尔多哈沙尔克跨海大桥

卡塔尔多哈沙尔克跨海大桥于2015年开始施工，其12km的流体设计是连接在一起的一个系列，包括3座桥梁和海平面下的隧道。这个数十亿美元的项目还包含了充满活力的娱乐场所。这座跨海大桥以其流畅的桥型和桥隧衔接的设计给人以新奇之感，极具创新意识和时代感。

卡塔尔多哈沙尔克跨海大桥是

图3-11　卡塔尔多哈沙尔克跨海大桥

巴林和卡塔尔的重要通道，是连接两国的跨海大桥工程，大大缩短两国间陆路交通的时间，还有助于两国电网和油气管道的连通，将对加强双方乃至海湾国家的政治经济联系产生重大影响。

老穆说桥之三：神奇的外国桥梁

3.12 鹿特丹"天鹅桥"

荷兰鹿特丹于1996年建成的后现代风格的伊拉斯谟大桥，得名于著名的人文主义思想家和神学家D.伊拉斯谟（Desiderius Erasmus）。伊拉斯谟大桥塔身雪白，造型简洁，802m长的大桥上有一座139m高的不对称桥塔，远远望去，酷似一只优雅的天鹅浮于水面，惹人喜爱，因此也被当地居民称为"天鹅桥"。在折线形桥塔的一端，布置着扇形的索面，连接着桥塔和桥面；而在桥塔的另一端，是两根分开的后支杆，固定在桥台上。大桥连接着默兹河两岸，可供汽车、脚踏车通行，也经常有行人和溜滑板的运动人士通过。桥下则经常有大型船只通行，所以设计师将该桥设计成一座竖转式开启桥，当桥面开启后，大型船只即可通行。大桥的开启部分为板梁式结构，紧邻后支杆所在跨，在开启时需要平衡重来平衡主桥。

图3-12 荷兰伊拉斯谟大桥

这座引人注目的大桥自1997年起就成为世人赞美的对象。在设计时，年轻的荷兰建筑师本·范·贝克尔（Ben van Berkel）充分考虑经济、美观、实用、耐久等诸多方面的要求，特别是与桥位所在地区的和谐统一，突破了单纯功能建筑的想法，创造出这一建筑史上的艺术品。

3.13 用塑胶材料建造的美国尼尔桥

尼尔桥的设计看似简洁普通，实际上却很独特。尼尔桥由23个拱形管支撑，这一系列拱形结构使用纤维强化的塑胶材料制造，其中填充了混凝土。麦克唐纳（MacDonald）曾说："自从四五十年前，高强度的钢筋水泥成为主要的建筑材料后，基本就再也没有出现新型的材料。"复合材料的拥护者认为，虽然材料昂贵，但在运输、建设和长期耐用性方面节省的巨大开支足以抵消最初的投资。

图3-13 美国尼尔桥

支撑尼尔桥的拱形结构管直径12in（约30cm），先弯曲成适当的形状，用塑料树脂进行硬化，并排安装以后填充混凝土，最后铺上桥板和压实的土壤，就能支撑标准的砂和沥青路面了。

尼尔桥受到了美国政府的重视，该纤维拱桥设计是7个投标方案中标价最低的。纤维强化塑料最初用于冲浪板和游艇，在20世纪80年代，纤维强化塑料首次应用到桥梁的建设中，但该材料没有完全改变公路基础设施。纤维强化塑料钢带一般被用来修复现有桥梁的混凝土和钢材结构，或加强抗地震结构。由于除冰化学品会破坏混凝土导致钢筋腐蚀，所以玻璃纤维杆取代了一部分钢筋混凝土。纤维增强塑料大多用于桥梁盖板，此处的耐腐蚀性是至关重要的，并且更轻的重量允许更高的车辆负载。但是直至 2012 年，也只有少数几座大型桥梁的支撑柱是由纤维增强塑料组成的。

3.14　神奇的日晷桥

美国有一座神奇的日晷桥，这是一座悬臂斜拉桥，由西班牙著名建筑师圣地亚哥·卡拉特拉瓦（Santiago Calatrava）设计。它的建材包括钢材、玻璃和花岗岩。日晷桥于 2004 年建设完工，横跨萨克拉门托河（Sacramento river），建在美国加利福尼亚州海龟湾探索公园内。

正如它的名字，日晷桥约 66.1m 高的索塔就像一个巨型"日晷"，用钢缆拉住桥面的三分之一处。它的桥面绝大部分是由防滑玻璃面板构成的，可以让人们更强烈地感受到下面湍急的河流。有人认为，日晷桥桥面的桁架支撑着整座桥大部分的重量，相对于其他桥梁，日晷桥的缆索略显松弛。

图 3-14　美国日晷桥

3.15 奇异的斜跨式拱桥

巴西首都巴西利亚有座奇异的不对称斜跨式拱桥，叫作儒塞利诺·库比契克大桥。它于2002年竣工，得名于巴西前总统儒塞利诺·库比契克（Juscelino Kubitschek），正是这位总统在20世纪50年代推动建设新首都巴西利亚。库比契克大桥长约1188.72m，桥面由3个钢拱支撑，每个钢拱都斜跨桥面，从桥的一边跨到另一边。这座桥由建筑师亚历山大·陈（Alexandre Chan）设计，他希望桥面避免直线设计，以凸显巴西利亚美丽的夕阳。

图3-15 巴西儒塞利诺·库比契克大桥

库比契克大桥横跨巴西利亚的帕拉诺阿湖，2004年被国际桥梁与结构工程协会评为"全世界最美丽的大桥"。远观库比契克大桥，它是由3个弧线呈波浪状组合在一起的吊索桥；走近库比契克大桥，则会发现每个弧线的两端分别在桥身的两侧，弧度依次递进，形成有趣的视觉节奏，犹如跳动的音符。弧线造成的视错觉会使人们感觉桥面也是弯曲的，而实际上桥面是笔直的。

人们对桥梁美学的日益重视，促进了桥梁造型的丰富多彩，同时也对结构分析方面提出了新的要求。在传统桥梁的基础上，一些新颖的异形桥呈现在人们面前。这些异形桥在追求视觉美感的同时，牺牲了一些结构受力的合理性，对于这些奇异的桥梁，只有在美学与力学之间找到平衡点，才能收获合理的设计。

3.16 欧洲最高的升降桥

古斯塔夫·福楼拜桥是一座垂直升降桥，横跨法国重要的贸易航道——塞纳河。该桥塔架高达 282ft（约合 85.95m），是欧洲最高的升降桥。与从中间开合的吊桥不同的是，古斯塔夫·福楼拜桥直接由蝴蝶形状的滑轮系统吊起，高船过河也能畅通无阻。12 分钟就可以将桥面彻底拉起，每年桥面拉起 30—40 次。麦克唐纳认为，使用双桥面的优势在于阳光能照射到桥底下的水中，这对河里的生态系统非常重要。

图 3-16　法国古斯塔夫·福楼拜桥

通常来讲，升降桥梁中间通航部分的桥跨可以做成升降结构，在活动桥跨两端各有一座塔架和悬挂的平衡重。当船舶要通过时，将桥跨升起，暂时中断桥上交通，船舶通过后再降回原位，恢复陆地交通。欧洲升降桥两端的平衡重，一般和升降桥跨结构的重量相等。桥跨结构的两端支点用缆索通过塔顶的滑轮和平衡重连接。因此，活动桥跨的升降不需要很大的动力，适用于铁路桥。

3.17　神奇的达·芬奇桥

1502年，列奥纳多·达·芬奇为君士坦丁堡苏丹巴耶塞特二世设计了这座桥的雏形。几个世纪以来，人们都认为达·芬奇的设计草图不可行。犹如弯弓的单拱，在500年后，由挪威艺术家韦比约恩·桑德（Vebjørn Sand）化为现实。达·芬奇桥于2001年开通，横跨E18公路。与人行通道连接之处非常薄，在向地面延伸的过程中逐渐变厚。达·芬奇的原始设计中单拱跨度为720ft（约219.46m），但桑德和他的同事将跨度缩至300ft（约91.44m），人行通道材料采用挪威松木。

图3-17　达·芬奇桥

这座跨越伊斯坦布尔金角湾的迷人的木桥，也可以被看作一个人行交叉路。三个浅色的木拱如同三张被射手用力向后拉的弓，牢牢地支撑着桥身。

桥拱使用的是胶合木，这是1994年挪威利勒哈默尔冬季奥运会中，挪威许多比赛场馆广泛使用的建造材料。拱的上端是一条大路。达·芬奇的建筑设计首次被付诸实施，这个设计在美学和设计学上都是经典的范例。桥梁设计者自豪地称："5个世纪前，人们认为这座桥不可能建起来，但我们把它建起来了。我们成功地证明了达·芬奇设计该桥的原理是可行的。"

老穆说桥之三：神奇的外国桥梁

3.18 仿生巨蟒桥

荷兰设计公司 West 8 承担了一系列的桥梁设计任务，这些桥梁连接着阿姆斯特丹的波伦堡半岛和博尼奥半岛。"巨蟒桥"是荷兰语"Pythonbrug"的直译。这座人行桥于 2001 年开通，长约 300ft（约 91.44m）。阿姆斯特丹以运河桥著称，而蜿蜒的巨蟒桥是阿姆斯特丹最具现代气息的桥梁之一。巨蟒桥两侧有铝制的海鸥造型装饰，为阿姆斯特丹增添了别样风情。

图 3-18　荷兰巨蟒桥

不像新加坡亨德森波浪桥那样仅仅在外壳上做出曲线造型，依赖外形创造波浪感，巨蟒桥本身就是高低起伏的。这座桥虽然很吸引人的眼球，但是其斜坡的倾斜度超过 5%，不适于老人、残疾人等人群通行。

3.19 阿根廷女人桥

人们谈起阿根廷的城市桥梁，必会提及著名的女人桥。这座由西班牙著名建筑师圣地亚哥·卡拉特拉瓦（Santiago Calatrava）设计的女人桥，建成于 2001 年 8 月。2008 年，该桥举行过盛大的北京奥运会圣火传递仪式。

| 城市桥梁揽胜

图 3-19　阿根廷女人桥

女人桥桥长 160m，桥面宽 6.2m。该桥的名字与其优美的造型有着密切的关系，到此观光的游客细细品味后才能认识到这个命名的独到之处。这座桥造型十分优美，从远处看，桥身小巧玲珑，桥体通身白色，像一位穿着白色长裙的淑女。其主体为两条简洁的线条，一条横跨河的两岸，一条从桥的中央斜射出去，好似一只鸟张开的两个翅膀，又仿佛一个少女舞蹈时张开的双臂。这两条线合起来再加上桥墩，形状又酷似一只高跟鞋。这个造型不但美观，而且十分科学、实用。由于这个结构，桥身可以以"高跟鞋"的鞋跟（桥墩）为支点做 90°旋转，打开桥的中央，让过往船只从容通过。因此，了解这一切，才能真正明白"女人桥"这个名称具有多方面、多角度的象征寓意。

3.20　荷兰斯劳尔霍夫吊桥

荷兰吕伐登（Leeuwarden，荷兰北部弗里斯兰省首府）有一座开闭式吊桥，建于 2000 年，被称为"不可思议的尾桥"，它就是小有名气的斯劳尔霍夫吊桥。哈林格法特河是一条美丽的小河，从吕伐登市中心穿过，斯劳尔霍夫吊桥就建在市西郊的河段上，两端连接着一条次要道路。

与常见的开闭式吊桥不同，远处望去，斯劳尔霍夫吊桥就像一个巨大的工业机器人，正在挥舞着手臂优雅地指挥水陆交通。这样架桥，不但节省了空间，看上去还较为美观。斯劳尔霍夫吊桥采用的不是旋转打开式，而是利用安装在塔架上的双液压系统升起，以便船只通过。

图 3-20 荷兰斯劳尔霍夫吊桥

3.21 奇特的美国浮桥

美国最大的浮桥叫作长青点浮桥，位于华盛顿州西雅图。该桥全长 4750m，其中有 2310m 是浮动的，浮桥长度名列世界第一。这座浮桥于 1966 年竣工，将 520 号高速公路从华盛顿州的西雅图护送至麦地那。

由于华盛顿湖深达 200ft（约 60.96m），20 世纪 60 年时想要在湖上建一座悬桥是不可能的。浮桥是最佳设计方案，它利用的是混凝土浮船，而浮船则由水下重物固定。在过去的 50 多年时间里，长青点浮桥经受住了狂风的摧残和驳船的撞击。

| 城市桥梁揽胜

图 3-21　美国长青点浮桥

长青点浮桥用巨大中空水泥箱和浮船坞互相连接，再用重锚固定于湖底，车辆过桥时并不会有浮在水面上的感觉。

3.22　巴西巨大的 X 形斜拉桥

巴西奥利韦拉大桥是一座巨大的 X 形斜拉桥，于 2008 年通车，横跨巴西圣保罗市皮涅罗斯河。整座桥由 144 条缆索支撑，塔架最高处约 138m，而全桥长度不足 1600m。这座桥最值得注意的是，双层桥面都可通车，在桥穿越塔架之处，梁桥面相互交叉。

巴西在这个杰作上下了血本。飞利浦公司签约承办了节能 LED 灯的开发，在 LED 灯光的照射下，

图 3-22　巴西奥利韦拉大桥

该桥呈现出不同的颜色和形状。不过，真正让人震撼的在于大桥不同寻常的桥面形式：两条呈 X 形交叉的桥身和一座 X 形的支撑吊塔。X 形的塔架在拉索桥梁中为世界首创。大桥桥面弯曲度为 60°，双幅大桥上下交叉，形成一个平面的 X

形，从 X 形主塔下穿过。这两个弯曲桥面由一座混凝土主塔支承。桥梁设计可经受高达 250km/h 的大风。每个紧固件都安装了传感器，能够控制对它们适用的力量，同时可以调整组装的机械应力。

3.23　意大利大杂烩的集市旧桥

意大利佛罗伦萨的维琪奥桥（旧桥）横跨在阿尔诺河之上。它绝不仅仅是一座桥，还是一条街、一个集市，是佛罗伦萨的地标之一。

图 3-23　意大利维琪奥桥

旧桥始建于 1345 年，本来是想为当地的贵族修建一条带屋顶的路，但后来有不少手工艺人来到这里，慢慢就演变成一个有趣的大杂烩之地。这座桥年久失修，又经历过几次大洪水袭击，但至今仍保存完好。

早在 14 世纪，桥上就店铺林立，销售的商品种类繁多。因为经营金银首饰的很多，所以人们惯称其为"黄金大桥"。一直到今天，这座桥仍然是连接比蒂宫和老宫的纽带，仍然是商贾云集、生意兴隆之地，同时，游客在这座桥上还能欣赏到著名画家、雕刻家本韦努托·切利尼的半身铜像。

3.24 世界上最有名的塔桥

英国伦敦有一座世界上最有名的塔桥，横跨泰晤士河，因在伦敦塔附近而得名。伦敦塔桥（London Tower Bridge，又名千年桥）不仅是伦敦的地标，也是世界上最美的桥梁之一。在有船通过泰晤士河时，伦敦塔桥的桥身可以高高抬起。几个世纪前，在依靠海路运输的时代，伦塔塔桥的桥身每天都会"开启"50多次。伦敦塔桥的修建共使用 7×10^4 t 混凝土，花费8年时间，于1894年对公众开放。

图 3-24 英国伦敦塔桥

伦敦塔桥的设计在世界桥梁建筑业中有重要地位。桥身由4座塔形建筑连接，其中位于河中间的两座主桥墩相距76m。主桥基上建有两座花岗石和钢铁结构的5层方形高塔，高43m，两座方塔最上部为4座白色大理石屋顶和5座小尖塔，望去仿佛两顶皇冠。桥梁分上下两层，上面一层起支撑双塔的作用，且为固定的人行桥，其桥面为两条宽阔的悬空人行道，两旁装有玻璃窗，行人可登桥欣赏泰晤士河景色。下层为活动桥，即桥面可以开启，平时桥面通行车辆，当钢桁拱桥开启时可通行万吨级船只。每当巨轮通过时，高塔内机器转动，中间的桥面便一分为二，慢慢向上掀起，船只通行之后，桥面又徐徐落下，恢复车辆通行。两块活动的桥面，各重1000t。作为244m长的开启桥，桥的中部分为两扇，为使该钢桁拱桥的每扇桥体竖起83°让河流上的船舶通过，在建桥后的100多年间一直使用古老的蒸汽机将水从水库泵入液压装置，后改为电动机来升降。

伦敦塔桥是英国首都的一大胜景，游人可登桥观看附近古城塔群景色，也可参观设在主塔内部的博物馆和展览厅。

3.25　美国金门大桥

美国金门大桥世界著名，被誉为近代桥梁工程史上的一项奇迹。大桥位于美国加利福尼亚州超过1900m宽的金门海峡之上。金门大桥于1933年动工，1937年5月竣工，用了4年时间，耗费超10万t钢材，耗资达3550万美元。整个大桥造型宏伟壮观，桥身呈朱红色，横卧于碧海白浪之上，华灯初放，如巨龙凌空，使旧金山市的夜空景色更加壮丽。

图3-25　美国金门大桥

金门大桥的北端连接加利福尼亚州马林县，南端连接旧金山半岛。大桥的结构形式为悬索桥，钢塔之间的跨径为1280m，为当时世界所建大桥中最大的单孔长跨距。当船只驶进旧金山，从甲板上举目远望，首先映入眼帘的就是大桥的巨形钢塔。钢塔耸立在大桥南北两侧，高342m，其中高出水面部分约227m，相当于一座70层高的建筑物。塔的顶端用两根直径各为92.7cm、重2.45万t的钢缆相连，钢缆中点下垂，几乎接近桥身，钢缆和桥身之间用一根根细钢绳连接起来。钢缆两端伸延到岸上，锚定于岩石中。大桥桥体凭借桥两侧两根钢缆所产生的巨大拉力高悬在半空之中。桥下净空约60m，即使海水涨潮时，大型船只也能畅通无阻。

金门大桥包括从钢塔两端延伸出去的部分，全长达2000m，两座钢塔使大桥更加壮观。大桥的桥面宽27.4m，有6条行车道和2条宽敞的人行道。大桥的设计者是工程师约瑟夫·施特劳斯。人们为纪念他对美国做出的贡献，把他的全身铜像安放在桥畔，铜像栩栩如生。

3.26　全球首座近代斜拉桥

瑞典的斯特伦松德桥为全球首座近代斜拉桥，大桥的主跨径为182m，全长322m，于1956年建成。该桥在瑞典境内，由德国工程师设计，采用门架式桥塔双索辐射式吊索装置。

正是由于瑞典的斯特伦松德桥开辟了近代斜拉桥的先河，历经半个多世纪，斜拉桥技术得到空前发展。20世纪90年代后，世界上建成的著名斜拉桥有：法国诺曼底斜拉桥（主跨856m）、中国南京长江二桥南汊桥钢箱梁斜拉桥（主跨628m）、日本多多罗大桥（主跨890m）、中国苏通长江公路大桥（主跨1088m）等。现如今，正在建设中的中国常泰长江大桥主航道桥为主跨1176m斜拉桥，为目前在建最大跨度斜拉桥。

图3-26　瑞典斯特伦松德桥

3.27 喷泉大桥——韩国首尔盘浦大桥

韩国首尔盘浦大桥位于首尔的汉江上。喷泉是专门为了吸引游客而设计的，使大桥成了一个具有生态环保意义的旅游地。

这座双层大桥的下层仅在枯水季节通车，洪水期因水位高出桥面而暂停行车，故称潜水桥，长795m，宽18m，四车道，于1976年7月15日建成；上层为盘浦大桥，长1490m，宽25m，六车道，于1982年6月25日建成。2008年12月14日，大桥完成了扩建工程，并更名为喷泉大桥。大桥扩建工程除了把桥面扩宽以外，还在大桥中段长570m的东西两侧栏杆上安装了380个喷嘴，喷嘴的间距为3m，最大喷射距离为43m。汉江中安装了38台水泵，水中电动机抽引汉江水，每分钟可向20m下的汉江喷出190t的水量。喷泉大桥是吉尼斯世界纪录中最长的喷水桥梁。

图3-27 韩国首尔盘浦大桥

3.28　贝壳状的人行桥

穆尔岛人行桥位于奥地利格拉茨市。这座穆尔河上的贝壳状岛桥由美国纽约设计师维托·艾肯西（Vito Acconci）设计，为庆祝格拉茨在 2003 年被授予"欧洲文化之都"而建造。

人工岛长 50m，宽 20m，其主结构以粗细不等的银色钢管和玻璃交织而成，两边各有桥梁连接河岸。人工岛内设有日光浴区、时尚酒吧、咖啡馆和露天表演场，被认为是艺术与建筑、梦幻与现实融合的经典之作。更神奇的是，穆尔岛还可以随着水位高低而升降，看起来就像巨大的银色贝壳，绚丽灿烂。按设计，人工岛上可同时容纳 350 位游客。

图 3-28　奥地利穆尔岛人行桥

3.29　美国钓鱼栈桥

美国佛罗里达州的七英里大桥建于 20 世纪初期，本来是一座通行火车的铁路桥，这条铁路就是佛罗里达州东海岸铁路（The Florida East Coast Railway）。可惜经历了 1935 年和 1960 年的两次飓风袭击，老桥已不堪重负。现在使用的是 1972—1982 年间建的新桥，这是一座跨海高速公路大桥。

人们开车从新桥上驶过，有写满了岁月痕迹的老桥相伴，前方是无尽的桥面和苍茫的大海，一种逍遥的感觉油然而生。现已遗弃的老桥也是一道游客必去欣赏的风景，由于其主体部分尚保存完好，很多人把它当作钓鱼的栈桥。此外，因为自然环境优美，这里也成为众多电影的外景拍摄地。20 世纪 90 年代风靡全球的好莱坞电影《真实的谎言》（*True Lies*）中导弹击中大桥的外景拍摄便是在此地完成的。

老穆说桥之三：神奇的外国桥梁 |

图 3-29　美国七英里大桥

有不少美国人在海边栈桥上钓鱼。对他们而言，钓鱼是一种娱乐。钓完鱼以后，他们会把鱼篓从水里提上来，小于规定长度的都扔回海里。海里的鱼很多，还有许多鸟类也在海边捉鱼，包括美国的国鸟白头海雕，以及鱼鹰、白鹭、秃鹫等。

3.30　电视秀建造的大桥——圣地亚哥-科罗拉多大桥

圣地亚哥-科罗拉多大桥是由电视秀建造的最著名的几座大桥之一，也被人们称为世界上最惊险的大桥之一。这座约 3.4km 长的大桥，连接着美国加利福尼亚州的圣地亚哥和科罗拉多两个城市，于 1969 年开始运营。

圣地亚哥-科罗拉多大桥的特点是桥面与水面之间约有 60m 的距离，可让航母穿行而过；由于桥身离水面较高，为避免桥身坡道过陡，整座大桥在海面上呈近似 90° 的弯曲状。如果人们在飞机上俯瞰，大桥就像一牙弯月镶嵌在海面上，令人十分陶醉。

曲线形的大桥架设在科罗拉多的海湾上，使人感到与大海无限接近，而沿途美丽的风光不时映入人们的眼帘。通过这座大桥，可抵达美国旧金山这座历史悠久的城市，畅游美国西部一些著名景点。同时，美国的一些电视秀也常来这里拍摄，给这座大桥增添了许多神秘感和新奇感。

73

图 3-30 美国圣地亚哥-科罗拉多大桥

3.31 古老的桥和坝——郝久古桥

郝久古桥位于伊朗伊斯法罕，由伊朗王二世于 1650 年在一座古桥的基础上建造，横跨扎因代河（Zayandeh river），是伊朗最有名的大桥之一。

这座古桥长约 105m，桥面宽约 14m，共有 23 孔。它既是一座桥，也是一座坝。当桥洞封闭时，桥两侧的水位便会产生变化。桥有两层拱隆，采用不同颜色的地砖区

图 3-31 伊朗郝久古桥

分开。除了让人瞠目的石基之外，色彩鲜明的瓦片及 17 世纪的独创绘画，也让这座桥惹人注目。它同时具有三重"身份"：通道、拦河坝和休闲场所。在桥中

央，还有两个很大的亭子，是国王会客厅。这座古桥不仅是交通设施，从某种意义上来说也是一件艺术品。

3.32　英国盖茨黑德千禧桥

英国盖茨黑德千禧桥是一座专供步行者和骑自行车的人通行的倾斜桥。该桥横跨英国泰恩河（Tyne river），连接着南岸的盖茨黑德和北岸的纽卡斯尔。这座弧形桥可以通过两端的压力扬吸机进行旋转，以便让过往的小型船只通过，而这一创新技术也让其设计者在 2002 年赢得了建筑界的权威奖项——斯特林建筑设计奖。盖茨黑德千禧桥是世界上第一座也是唯一一座摆式大桥。大桥桥基深达 29.87m，建造时共用了 19000t 混凝土，而建桥时又使用了足以生产 64 辆双层巴士的钢筋，因此大桥坚固非凡，可以承受以 4 节速度航行的 4000 吨级船舶的撞击。

盖茨黑德千禧桥由两部分组成：一个像彩虹般横跨泰恩河的固定拱门和一个能往上旋转提升 45°的圆弧形步行及自行车专用桥。这座能旋转的弧形步行桥，

图 3-32　英国盖茨黑德千禧桥

平时水平地横跨在河面上，供两岸的行人来往，普通大小的船只可以直接从桥下通行；遇到特别高大的船只不能直接通过时，弧形旋桥往上提升45°，从而使大船顺利通过。这旋桥的一开一合，恰似一位美人对着河岸边的爱人深情款款地眨眼，因此它也获得了"眨眼桥"的雅号。

3.33　美国古老的悬索桥

美国布鲁克林大桥，全长1834m，于1883年5月24日正式交付使用，建成时为当时世界上最大的悬索桥，也是世界上首座以钢材建造的大桥。布鲁克林大桥连接着纽约的曼哈顿岛和布鲁克林区，是美国最古老的悬索桥之一。大桥桥身由上万根钢索吊起，落成时被认为是世界第八大奇迹，也被誉为工业革命时代全世界七个划时代的建筑工程奇迹之一。

布鲁克林大桥建成时，桥墩高达87m，是当时纽约超高建筑物之一。布鲁克林大桥和帝国大厦、自由女神像共同作为当时纽约的三大市标，已成为纽约市天际线不可或缺的一部分，布鲁克林大桥更是在1964年成为美国国家历史地标。

图3-33　美国布鲁克林大桥

3.34 欧洲三国桥

世界闻名的欧洲三国桥，连接法国的于南盖、德国的莱茵河畔魏尔和瑞士的巴塞尔，长约 248.11m。这座桥的名字有一定的误导性，因为桥的结构并非名副其实。它只是一座直直的、普通的、只给行人走的桥。桥从法国进入德国，再到瑞士，不过几百米长，所以"三国桥"这个名字着实和我们开了个不小的玩笑。

图 3-34 欧洲三国桥

2001 年，莱茵河畔魏尔市和特鲁耶边界市镇共同体宣布了关于德国和法国之间跨越莱茵河的一座通自行车的人行桥的竞标，桥梁位于德国、法国、瑞士三国的三角地带。桥梁设计的基本要求是通航净空 7.80m×155m，为避免船撞危险，选择了在莱茵河中不设桥墩的拱桥。设计的另一基本构思是荷浦斯特贝/法国耶鲁轴线和从魏尔到许林根塔的视线方向错位。为了这两个景观视线的关联，桥设计成非对称的形式。为便于包括残疾人在内的人群过桥，主桥引道斜坡角度不超过 4%。由于这个斜坡和 7.80m×155m 的通航净空，桥总长 248m，主跨达 229.40m。

城市桥梁揽胜

为了获得优雅的外观,拱身高度尽量降低,拱圈距桥台为 23m,拱圈距桥面为 14.90m。建造这样细长的拱圈只能用钢材。在堤岸连续区用轻型建筑。桥墩和桥台没入水中。拱脚推力在桥台处必须转向,因此须设置约束杆件。

3.35 美国"今夜星光灿烂"桥

美国有一座"今夜星光灿烂"桥——鲍勃·克里步行桥。该桥连接美国内布拉斯加州的奥马哈和艾奥瓦州的康瑟尔布拉夫斯。大桥的长度约为 914.4m,是一座壮观的斜拉桥,缆绳自桥塔俯冲而下,支撑住桥身的重量。当 2008 年桥梁通车的时候,成百上千只装饰灯一起闪烁着,成就了壮观的"今夜星光灿烂"之景。

人们意识到再没有比从桥上穿越不同城市更酷的事了,开车也好,步行也罢,轻轻的一个跨越,就能在惬意的行进中,在这座大桥上观看美丽如画的风景。而桥梁呈现的"今夜星光灿烂"之景,更是让人产生美丽的遐想。

图 3-35 美国鲍勃·克里步行桥

老穆说桥之三：神奇的外国桥梁 |

3.36 世界上最繁忙的大桥

美国乔治·华盛顿大桥被称为世界上最繁忙的大桥。大桥位于纽约州华盛顿堡和新泽西州李堡附近，是纽约市的一条交通要道，95号州际公路和美国国道1号、国道9号、国道46号等重要高速公路均途经此处。该桥的主跨为1067m，建成时是世界上最长的大桥。

图3-36 美国乔治·华盛顿大桥

这座双层大桥于1927年10月动工，1931年10月24日举行了上层桥梁的通车典礼，而下层通车日期是1962年8月29日。它包括双层桥面——上层为双向八车道，下层为双向六车道，共14个车道。此外，大桥上层道路两侧还设置了人行道。桥上的车速限制为70km/h，但由于交通拥堵经常难以达到这样的速度，特别是在早晚交通高峰时段进出纽约市更是如此。大桥最初被命名为哈德逊河大桥，后为纪念第一位美国总统乔治·华盛顿而重新命名。

3.37 可行驶汽车和火车的欧洲新桥

在保加利亚的维丁和罗马尼亚的卡拉法特之间，有一座可行驶汽车和火车的欧洲新桥，它的名字叫维丁-卡拉法特多瑙河新桥。这座桥不仅连接了保加利亚的维丁市与罗马尼亚的卡拉法特市，还是连接土耳其与德国的泛欧通道Ⅳ的一部分。

该桥跨越多瑙河的主桥长1391m，是一座公铁两用部分斜拉桥，跨径布置为 52m + 7 × 80m + 124m + 3 × 180m + 115m，桥面宽 31.35m，桥面中心 10m 宽区域内布置铁轨，并设有人行道。正如其名，这座桥梁是一架位于欧洲的新桥，还是保加利亚和罗马尼亚友谊的象征，于 2013 年 6 月通车，汽车和火车都可在桥上行驶。

图 3-37 维丁-卡拉法特多瑙河新桥

值得一提的是，这座桥梁因地制宜地采用了传统的施工方法：新桥的桥塔基础采用 24 根 2m 的钻孔桩，桩长 80m。桥塔承台尺寸为 40m × 15m × 6m，分 2 层浇筑。钢护筒壁厚 12.5mm，打入黏土层的深度为 3m，钢护筒底高程为 -20m。钢护筒周围填充膨润土，防止基础施工引起周围地层的移动。主梁采用预制箱梁，箱梁高 4.5m，宽 7.2m，采用平衡悬臂拼装法架设。这座欧洲新桥的建成通车，为推动保加利亚和罗马尼亚两国的经贸往来发挥了重大作用。

3.38 非洲最古老的桥梁

非洲最古老的桥梁维罗利亚瀑布大桥横跨赞比西河（Zambezi river），参观维多利亚瀑布的游客们会发现，观看瀑布盛景的绝佳地点，也是大桥的绝佳观看点。

这座钢结构的公路铁路两用桥建成于 1905 年。当时，南非矿业大亨塞西尔·约翰·罗兹（Cecil John Rhodes，1853—1902 年）曾计划建设纵贯非洲的好望角—开罗铁路,维多利亚瀑布大桥正是这条铁路线的一部分。156m 的跨度、128m 的高度,让今天的大桥依然如同建设之初的纵贯线设想一样,气势如虹。瀑布的水花会溅到桥上过往的列车上,大桥的中点正是津巴布韦和赞比亚的国界,这些都是建设之初的有意之举。

图 3-38　维多利亚瀑布大桥

这里还是一处风景壮丽的蹦极胜地。维多利亚瀑布大桥地处两个国家的交界处,人烟稀少,更给人以神秘之感。站在桥上,你的身后就是一落千丈的维多利亚瀑布,当地人把它叫作"打雷的烟雾"。你的脚下就是赞比西河,河里生活着许多鳄鱼。在这么美的地方玩蹦极,真是别有一番感触呀!

3.39　桥梁美学的经典——莫斯塔尔古桥

一般来说,桥梁只是材料的堆积,用于满足交通的需要,但是在文学、艺术甚至数学之中,它的含义都远远不止于此。一座桥,小到时空中两个人触角的连线,大到两个世界两种意识彼此融会的抵达,千年来有多少这样充满故事的联结。通常,一个建筑的象征意义往往要比它的外观更为重要。

波黑莫斯塔尔古桥是莫斯塔尔最古老的桥梁，建于16世纪，横跨当地的内雷特瓦河，曾一度被喻为"迎接银河的彩虹"。古桥与它所在的城市同名，也见证了这片土地的战火与风霜。1993年，这座矗立了400多年的古桥在波黑战争中被摧毁，同时也带走了这个城市巨大的骄傲。如今，在联合国教科文组织的帮助下，人们成功地重建了大桥。这座拱桥象征着人类的合作与和平。

图 3-39　莫斯塔尔古桥

人们当初修建这座30m长、4m宽的宏伟拱桥的一些关键技术至今仍是未解之谜。某些相关的技术问题至今仍困扰着人们，譬如人们当初如何架设棚架，如何把石头从河的一侧运到另一侧，如何在这么长的建造周期内让脚手架保持可靠等。因此，这座桥梁被列入人类最伟大的作品名单是无可置疑的。

3.40　美国的音乐之桥——新月城大桥

美国新奥尔良有"新月城"的别称，因为密西西比河在这里蜿蜒入海，形若新月，而那里的音乐之桥——新月城大桥也举世瞩目。新月城大桥是城中跨河大桥中最靠近入海口的一座。它的双悬臂看着好似孪生兄弟，却并非同时修建而成：第一条悬臂于1958年面世，彼时被称为新奥尔良大桥（Greater New Orleans

Bridge，GNO），时隔 40 年后，第二条悬臂才正式通车。对当地人而言，与其说这座双悬臂桥是城市新地标，不如说它是更换了新形象的老朋友，这也是为什么在官方定名"新月城大桥"后，人们依然更乐意称它为 GNO。

图 3-40　美国新月城大桥

新月城大桥繁忙而充满生机，每天约有近 20 万辆车从桥上经过。《给鲍比·朗的情歌》（A Love Song for Bobby Long）、《时空线索》（Deja Vu）等均曾在这里取景。世界各地的游人纷纷到此地，体会《给鲍比·朗的情歌》所传达的奇妙情感。

3.41　俄罗斯古老的开启桥

俄罗斯的圣彼得堡是一座拥有众多桥梁的城市，300 余座桥梁将这个由上百个岛屿组成的城市紧密联系在一起，这其中最具特色的，是涅瓦河（Neva river）上的 22 座开启桥。每年 4 月至 11 月的通航期，这些桥梁都会遵循严格的时间表依次开合，使得大小船只得以在伏尔加—波罗的海航道上通行。开桥之时，也至少要有一座桥保持闭合，以满足陆路交通的需要。一座座雄伟的桥梁在夜幕下依次开合，正是彰显圣彼得堡宏大气势的典型场景。为保证日间交通，桥梁开合都在夜间进行，开桥时间大都在凌晨 2 点左右，闭桥时间则在凌晨 5 点左右。但因为往往要在一天中汽车最少的凌晨时分才把中间一段打开，让大船通过，所以匆匆过往的旅客是难得见到此景的。

图 3-41　俄罗斯开启桥

3.42　以茜茜公主的名字命名的桥梁

流经布达佩斯的多瑙河上有一座伊丽莎白大桥，也被称为茜茜公主大桥。大家都知道，著名的电影《茜茜公主》是根据伊丽莎白·阿玛莉·欧根妮的传奇故事改编的。茜茜公主 1837 年 12 月 24 日出生于德国慕尼黑，是巴伐利亚王室维特尔斯巴赫家族的一员，后来成为奥地利皇后兼匈牙利王后，伊丽莎白大桥就是以茜茜公主的名字命名的。

图 3-42　匈牙利伊丽莎白大桥

该桥原建于 1897—1903 年，单跨度长 290m，是当时世界上跨径最大的桥梁。第二次世界大战结束前夕，大桥被败退的德国军队炸毁，1964 年在旧址上重新建成。由于大桥损毁严重，按原样重建已不可能，因此一座崭新的桥梁在原地兴建，并采用了与原来的大桥相同的跨径。它反映了 20 世纪 60 年代悬索桥的设计风格。全桥呈白色，寓秀逸于雄伟之中。白色的伊丽莎白大桥娉娉婀娜，宛如一名少女横卧在多瑙河上，将山地布达与平原佩斯连在一起。

这座悬索桥在结构上有以下几个特点：一是桥塔为焊接而成的钢结构，二是预制平行钢丝索骨架架设主缆，三是吊索采用美国流派的竖直4股骑跨方式，四是鞍座采用铸焊混合方式，五是主缆索股与锚锭内钢构架采用预应力工艺锚固，六是桥面铺装采用现代沥青混合料。

这座优美的悬索桥，既舒展大方，又使人产生许多遐想，回味无穷。

3.43　创意奇迹——厄勒海峡大桥

图3-43　厄勒海峡大桥

厄勒海峡大桥横跨厄勒海峡，连接瑞典第三大城市马尔默和丹麦哥本哈根。这座桥堪称创意之奇迹。大桥于1995年动工，2000年5月完工，是当时世界上承重量最大的斜拉索桥。

厄勒海峡大桥全长16km，由西侧的海底隧道、中间的人工岛和跨海大桥三部分组成。西侧的海底隧道长4050m，宽38.8m，高8.6m，位于海底10m以下，由两条火车道、两条双车道公路和一条疏散通道组成。中间的人工岛长4050m，将两侧工程连在一起。东侧的跨海大桥全长7845m，上为四车道高速公路，下为对开火车道，共有51座桥墩，中间是斜拉索桥，跨径为490m，高达55m。值得一提的是，大桥的主跨是当时全世界斜拉桥中最长的，有490m。大桥由奥雅纳事务所（Arup）设计。这座闻名于世的跨海大桥，曾被评为全球第十大桥。

3.44 太阳能风力发电桥

桥梁一般总是矗立于户外、暴露在自然环境中，经受各种气候和天气的洗礼。近年来，意大利设计师属意利用巨大的人造奇观来生产环保的绿色能源。

图3-44 意大利太阳能风力发电桥

2010年，意大利南部卡拉布里亚大区有一段连接西西里岛（Sicily）和巴尼亚尼（Bagnara）的高速公路即将废弃。当地政府在全世界范围内征集设计方案，以便以可持续发展的理念和方式对这段即将退役的高速公路进行再利用。三位意大利设计师提交的"太阳能风力发电桥"方案一举中标。其设计理念具有极强的革新性，设计师们看到了该项目地理位置的潜在优越性——始终受到侧风侵袭并且长期处于地中海强日光的照射之下，而这座拟建的太阳能风力发电桥可利用桥梁独特的地理环境收获两种不同的绿色能源，即太阳能和风能。该桥的桥面不是用传统沥青铺设，而是用密集的太阳能电池板代替，太阳能电池板上面覆盖着一层耐用的塑胶材料。太阳能电池板每年大约可产生1120万kW·h的电量。同时，在桥梁支撑结构之间的空隙中安装了 26 台风力涡轮机，每年可产生 3600 万 kW·h 的电量，这些电量可满足 15000 个家庭的用电需求。而按照设计师的构想，还将在桥梁两侧建设小型农场和市场，这也就意味着，当地的农民可以在太阳风桥两侧种植农作物和摆摊卖货。基于功能上的考虑，其中一座高架桥的上部将设置一条人行步道，而其他部分将作为车行专用道。这些诱人的设计不仅激发了设计师们产生更加奇特的设计理念，也使得我们对绿色、节能和环保有了全新的认识。

3.45 曾被评为世界上最美桥梁的萨尔基那山谷桥

瑞士萨尔基那山谷桥曾被评为世界上最美的桥梁。这座跨越萨尔基那峡谷的大桥虽然只有 90m，但以其独特的磅礴气势征服了无数人。

20 世纪末，国际桥梁与结构工程协会组织了"20 世纪世界最美的桥梁"评选，从全世界 100 多个国家的上千座桥梁中遴选出 15 座，最终萨尔基那山谷桥勇夺桂冠。因为，拱桥是众多桥梁中最能体现美的一种桥型。拱桥形似彩虹，主

图 3-45 瑞士萨尔基那山谷桥

拱圈优美的弧线显示出固有的曲线美，具有活泼、优美、流畅的特点，同时又不失力度感。而拱桥的这种曲线结构形式同时也获得了良好的力学效果。在竖向力作用下，主拱的曲线形式使拱桥产生了区别于梁式结构的拱脚水平推力。正是这个水平推力，使拱内产生了轴向压力，从而大大减小了拱圈截面的弯矩。与受弯梁相比，截面上的应力分布将更为均匀。故拱桥结构可充分利用主拱的材料抗压强度，使跨越能力增大。另外，主拱及腹拱的曲线造型还可以有效排水，减轻洪水对桥梁的破坏作用；腹拱的设置又可进一步减轻结构自重，增强桥梁跨越能力。

桥，让互无交集的两岸，以最短的距离连接在了一起。每座桥都是建筑师的用心之作，或带着历史沧桑，或造型独特；每座桥都透着浓郁的地域风情，无论驻足远观还是从桥上经过，都将有无与伦比的体验和感受。

3.46 威尼斯叹息桥

图3-46 意大利威尼斯叹息桥

闻名于世的威尼斯叹息桥建于1603年，位于威尼斯一条狭窄的运河上。该桥与两座建筑相连，一边是象征着权力的总督府——当初威尼斯共和国的权力中心，另一边则是一座监狱。叹息桥的造型属早期巴洛克式风格，拱桥由石灰岩铸成，呈房屋状，上部穹隆覆盖，封闭得很严实，只有向运河一侧的石梁上开有两个小窗。这座石材建造的拱廊桥大约长 10m。

叹息桥的名字是 19 世纪时英国伟大的浪漫主义诗人拜伦取的。据说，当犯人在总督府中被审判定罪后，就会叹息着经过这座桥梁走入牢房，犯人们透过小小的窗户看到外面的世界，一声声叹息便久久地回荡在桥上，充满了对往事的追悔和对自由的眷恋。数百年后，到访的人们站在另一座桥上望着叹息桥，便会沉浸在对历史的追忆和遐想中。在这座古老的桥上，一些人走了过去，又有一些人到来，几步之隔，便从天堂走向了地狱。多少年来，桥下的河水还在流着，消失的是桥上曾经走过的人。

3.47　剑桥大学叹息桥

图 3-47　英国剑桥大学叹息桥

剑桥大学也有座叹息桥。据说，剑桥大学的毕业考试很严格，平时不努力学习的学生，考试通不过，拿不到毕业证书，往往来到这里叹息、流泪，后悔莫及。因此，校方把它定名为叹息桥，以此来警示学生要勤奋学习，不可懈怠。也有人说，之所以叫叹息桥，是因为校方总是让犯了错误的学生来到这里，面对河水，兀立反省，作为一种惩罚。学生反省之后，往往叹息，悔不当初。

还有一种说法是：威尼斯有一座叹息桥，通往一座监狱。当囚犯经过那座桥走向监狱时，都会触景生情，为自己的前途叹息。剑桥大学的这座桥结构与那座桥相似，所以建成后人们也把它叫作叹息桥。

3.48　折射历史的泰国桂河大桥

记得我年轻时曾看过《桂河大桥》这部影片。《桂河大桥》，堪称史上最出色的战争片之一，由大卫·里恩执导。而这一经典影片，也让那座第二次世界大战中的桂河大桥闻名世界。

桂河大桥位于曼谷西北 122km 的北碧府，横跨桂河。它折射了第二次世界大战期间的一段历史：当年日军占领泰国期间，强迫盟军战俘建造铁路以连接缅甸和泰国，这条铁路在牺牲了无数生命后才得以完成，故有"死亡铁路"之称。桂河大桥就是其中的一段，被称为"死亡铁路"的咽喉。

图 3-48　泰国桂河大桥

大桥的一边地势较为平缓，但一过河便是险峻的群峰，有的路段甚至就开凿在悬崖绝壁之上。当年，很多劳工在修建桂河大桥时付出了生命的代价。桂河大桥原为木桥，几经飞机轰炸，早已毁坏，只有在河水很浅时才能看到残迹，现在我们看到的是后来修建的铁桥，它至今还在通车。重建后的桂河大桥，在原来桥的两侧圆弧铁架上多出了两段不协调的方形铁架，没有原先圆弧铁架的优美，很多看过的人觉得不伦不类、不搭调。桂河大桥大约10分钟就可以走完，一直前行可以通到缅甸。站在桂河大桥的桥头，看着夕阳下静静流淌的美丽桂河，难以想象这里发生过悲惨故事，只有安放在桥头的美军投下未爆炸的炸弹提示着我们当年那场惨烈的战争。

3.49　跨越欧亚大陆的博斯普鲁斯大桥

2018年我曾到土耳其旅游，对跨越欧亚大陆的博斯普鲁斯大桥印象十分深刻。许多到访过这个国家的人们，都会不由自主地提起著名的博斯普鲁斯大桥。这座位于土耳其伊斯坦布尔的悬索桥，系第一座跨越博斯普鲁斯海峡并连接亚洲与欧洲两大陆的跨海大桥，又被人们命名为"欧亚大桥"。大桥以北约5km处有另一座名为"穆罕默德二世大桥"的跨海大桥，为了区别，博斯普鲁斯大桥又常被称为"第一博斯普鲁斯大桥"。

这座大桥于1968年兴建，修筑在博斯普鲁斯海峡最窄处，1973年10月正式通车，是当时世界第四大吊桥。大桥全长1560m，宽39m，为六车道，桥身距海面64m。桥的两头各有一个门字形桥塔，水中不设桥墩。整个桥身用两根粗大的钢索牵引，每根钢索由11300根5mm的钢丝拧成。各种大型船只在桥下通行无阻。

博斯普鲁斯海峡把土耳其最大的城市伊斯坦布尔从中切开一分为二，海峡全长30.4km，最宽处3.7km，最窄处只有708m，最深处为110m，最浅处27.5m，北连黑海，南通马尔马拉海和地中海，是黑海沿岸国家出外海的第一道关口，两岸悬崖峭壁，形势险要。这座大桥横跨博斯普鲁斯海峡，沟通了亚洲与欧洲，方便了两地之间的交流。夜晚的博斯普鲁斯大桥在各色灯光的照射下，显得愈发美丽，它将优美的身姿展现给两大洲的人们，让人们在远处就可一睹其风采。

| 城市桥梁揽胜

图 3-49　土耳其博斯普鲁斯大桥

3.50　俄罗斯的远东第一大桥

为迎接在俄罗斯岛举行的 APEC 第二十次领导人非正式会谈，俄罗斯政府花费数十亿美元，在符拉迪沃斯托克（海参崴）进行交通工程建设，其中就包括两座特大桥梁。第一座为跨越金角湾的金角湾大桥（Zolotoy Rog Bridge），另一座即连接金角湾

图 3-50　俄罗斯岛大桥

地区和俄罗斯岛、跨越东博斯普鲁斯海峡的俄罗斯岛大桥。

俄罗斯岛大桥将俄罗斯远东城市符拉迪沃斯托克（海参崴）大陆部分与俄罗斯岛连接起来，确保这段交通一年四季畅通无阻，并成为滨海边区运输系统的重要链条。该桥于2012年7月初举行通车仪式，仪式由俄罗斯总理梅德韦杰夫主持。2012年9月3日，该桥被正式命名为俄罗斯岛大桥。

俄罗斯岛大桥全长3150m，跨径布置为60m+72m+3×84m+1104m+3×84m+72m+60m，索长580m，距水平面高70m，主塔高324m，建成后超过中国主跨1088m的苏通长江公路大桥和主跨1018m的香港昂船洲大桥，成为世界上最大跨径的斜拉桥，又被称为"远东第一桥"。桥位处海峡最窄宽度为1460m，航道水深50m，通航净空70m，通航船舶排水量可达60000t。

3.51　从摩天大楼中穿越的空中桥梁

在日本大阪市北区，有一座奇异的从摩天大楼中穿越的桥梁。原来这块土地的所有者在1983年想建此大楼，但当时的城市规划已经确定高速公路会从这儿过，所以他们拿不到建筑许可。土地所有者和高速公路一方交涉5年，最后达成协议让高速公路贯穿大楼。现在大家看到的是，一条高速公路从一栋高楼中间穿堂而过，大楼的5—7层开有一个宽敞的隧道，阪神高速公路从这里一穿而过。仔细看去，会发现大楼和公路实际上是完全分离的两个建筑，两者之间留有约80cm的间距。支撑公路的是大楼两端的支架结构。大楼的一部分被消音瓦覆盖，因此公路产生的噪声、震动等对其并无直接影响。

图3-51　日本空中桥梁

这座从摩天大楼穿越的空中桥梁，特点有四：一是桥梁结构设计满足道路交通的需要，特别是两条道路并为一条道路时，其异形桥梁的设计和施工较为复杂；二是在桥梁邻近建筑物的一侧，设置了防噪声墙，以解决车辆对临街建筑物的噪声干扰；三是其结构纤细，结构尺度较为适中，符合城市桥梁美学的要求；

四是充分利用钢材和预应力结构的优势，其桥梁结构符合安全性和耐久性的要求。大楼于1992年竣工，5—7楼租给了高速公路。

为了解决法律障碍，日本还专门在1989年修改了一系列法律，制定了建筑可以与道路一体的"立体道路制度"，让高速公路可以合法贯穿大楼。

3.52　荷兰的水下桥梁

在我们的印象中，桥都是建于水面之上的。但是，荷兰的摩西桥却是一座建造在水中的创意桥。荷兰这座神奇的水下桥建在一座城堡的护城河之中，依靠特殊的结构将水面分开。

从远处看去，河水中像没有桥一样。17世纪，荷兰人在这

图 3-52　荷兰摩西桥

里修建炮台以抵抗法国和西班牙的入侵，护城河将炮台包围，防止敌人攻占。现在，这些威胁已经不存在了，炮台也已对游客开放。摩西桥所使用的材料都是上等的热带木材，表面有无毒抗菌涂层并用铝箔包裹，能够有效避免桥梁被河水腐蚀。可能有人会问，荷兰水下桥要怎么保证不被河水淹没呢？这条护城河非常浅，根本无法行船，所以几乎不存在水飞溅到桥上的危险。另外，没入水中的桥梁上面也安装有水泵，防止桥内进水。

3.53　日本锦带桥

日本的锦带桥在世界上很有名气。锦带桥位于日本山口县岩国市锦川河上，是一座五孔石墩木拱桥，由5个相连拱形桥面组成，是日本三大名桥之首。每跨

为 27.5m，全长 210m（直线桥长 193.3m），宽 5m，桥台高 6.6m，于 1673 年建造完成。这座五孔拱桥坚韧强劲，历史悠久，造型完美，兼备独创性与合理性。此外，桥梁、桥墩及河床基石等都独具匠心，特别是桥拱的构造富有特色。这座桥梁采用传统的木工工艺，全桥只用包铁和插销固定，充分运用了精巧的木工技术。

这座完全以桧木构筑的五孔木拱桥是由当时的藩主吉川广家仿中国杭州西湖苏堤上的虹桥造型修筑的，修建过程中屡次被洪水冲塌，1673 年最终建成，1950 年又被一场台风带来的洪水摧毁。1953 年重建，2001 年和 2004 年进行了部分修复。

这座桥梁因其外形和景致而被称为"锦带桥"。这里不但木桥优美，两岸的风光也非常漂亮，春天到来的时候，樱花满树，流光溢彩。在锦带桥的桥头，有一棵特别粗大的樱花树，据说是日本的樱花标准树，它的花一开，就标志着日本的春天到来了。

图 3-53　日本锦带桥

3.54　德国奇异的石林古桥

德国德累斯顿东南部的易北河（Elbe river）上有座奇异的古桥——巴斯泰桥。当云雾涌起时，那片嶙峋突屹的巴斯泰石林，似仙境般绮丽。

这座古桥长 76.5m，其七拱跨越 40m 深的山沟。巴斯泰桥原来是木桥，直到 1851 年才被依岩改成石造。巴斯泰石林是德国著名的旅游胜地。这里林木遍布，有奇特的平顶山头、绿草如茵的山谷、千姿百态的石林，宛如玉带的易北河流经此地，有"小瑞士"之称。如今，这座古桥仍作为该游览区的交通要道，发挥着重要作用。

| 城市桥梁揽胜

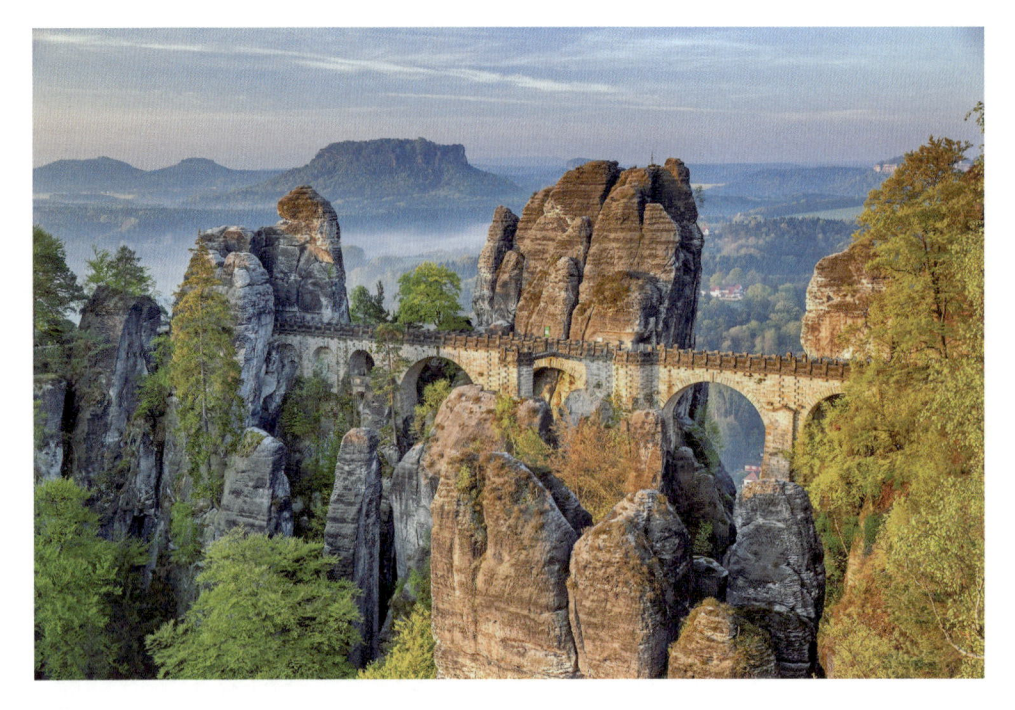

图 3-54　德国巴斯泰桥

3.55　反映布拉格本土艺术风情的桥梁

在捷克共和国的首都布拉格，有座反映布拉格本土艺术风情的桥梁——查理大桥。这座大桥横跨在布拉格伏尔塔瓦河上，是第一座沟通河两岸的大桥。这座桥梁从14世纪开始就已经矗立在这条河上了，静静地见证着布拉格的变化。比这座石桥的历史更悠久的布拉格城堡和旧城区就在这座桥的两端，这些都是游客必去的地方。据说，捷克的历代国王在加冕时都会从这座桥上走过。

大桥为多跨钢板拱结构（原为石桥结构），跨径布置为28m+42×6m+28m，宽9.5m，全长520m（含副孔）。大桥建于1357年，是14世纪最具艺术价值的石桥。桥面为砖石所砌，当年修建时，为了使桥变得更为坚固，建桥的石匠们把鸡蛋清和灰浆混合在一起来黏合石块。在这座桥上，有与这座桥齐名的30位捷克名人的雕像，都是出自捷克17—18世纪巴洛克艺术大师的杰作，故此桥被欧洲人称为"欧洲的露天巴洛克塑像美术馆"。现在查理大桥上的雕像多为复制品，原作已经被搬到博物馆保存、展览。1965年，经过历时9年的维修后，查理大桥被确认至少还可以保存1000年。如今，这里已成为到布拉格旅游的必去之地。

图 3-55　捷克查理大桥

3.56　英国庞特基西斯特水道桥

英国的庞特基西斯特水道桥与运河不仅是一个具有实用价值的水利工程，同时是一件象征着人类智慧与能力的杰作，于 2009 年被联合国教科文组织列入《世界遗产名录》。庞特基西斯特水道桥是全世界最让人印象深刻的水桥之一，拥有 200 多年的历史，是英国境内最长、最高的通航渡槽。

这座高架水道桥巧妙地将

图 3-56　英国庞特基西斯特水道桥

通航渡槽和人行通道结合在一起。经过 200 多年的运行，古老的渡槽完好无损，且渡槽的防水质量很高；同时，供人们通行的通道平行于高架水道桥，贴近自然，让行人十分惬意，确实是一个成功的设计。

3.57 世界上最长的柚木桥

缅甸有座世界上最长的柚木桥——乌本桥。这座举世闻名的柚木桥，长达 1200m，由 1000 个柱子和数千块木板支撑着。从桥墩到桥面及护栏，全部采用珍贵的柚木，历经百年而不朽，世上绝无仅有。经过风雨的冲刷洗涤，日光的投射照耀，桥上的木头已呈浅灰色。作为旅游景点，更作为当地居民每日过往的通道，至今它仍屹立在东塔曼湖中。

图 3-57 缅甸最长的柚木桥——乌本桥

乌本桥修建于缅甸贡榜王朝敏东王时期（1853—1878 年）。原来，乌本桥一带本是低洼之地，雨季湖水上涨，湖滨就成为泽国。为解决当地交通困难的问题，敏东王修建了这座木桥，同时为了使桥梁不至腐朽，便用了珍贵的柚木。去过曼德勒的人，大都愿意用最大的热情去表达对乌本桥的喜爱。乌本桥一个非常重要的特色，是黄昏迷离光晕下来来去去的僧人。他们或者成群地游走在桥上，或者坐在桥墩上，默默看着夕阳。

3.58　欧洲最长的屋桥

德国有座建有房屋的桥梁，称为克雷默桥，又叫商贩桥，长 120m，主跨约 79m，是欧洲最长的建有房屋的封闭式桥梁。克雷默桥连接埃尔福特城的贝内迪克特广场和维尼格市场，是旅游者必看的景点之一。埃尔福特最大的城市节日，也依此桥命名为克雷默桥节，每年 6 月在此桥附近的老城区举行。

图 3-58　德国克雷默桥

这座屋桥，与伦敦塔桥和意大利老桥一样，成为欧洲历史的缩影。当初这座横跨布雷斯拓河的木桥几遭火灾，后于 1325 年建成一座石桥，桥上原有 62 个砖木小屋，时至今日还有 32 个，大多是工匠坊和古董店。这座拥有 700 多年历史的古老屋桥，至今状态良好。

3.59　马来西亚双子塔上的人行天桥

马来西亚首都吉隆坡的市中心有一座著名建筑——双子塔，它是人们工作、生活、游览、购物及休闲娱乐的热门地点。双子塔占地 40 万 m^2，是全世界最高的双塔楼，共有 88 层。双子塔最值得一提的特色是位于第 42 层处的人行天桥，天桥下面设有人字形支架，像一座登天门。这座独特的人行天桥是公共建筑与桥梁建筑有机结合的成功范例，当人们驻足翘望并对双子塔浮想联翩时，也会对附于其上的天桥给予由衷的敬佩。

图 3-59 马来西亚双子塔上的人行天桥

3.60 荷兰神奇的扭桥

荷兰有一座神奇的扭桥，即弗拉尔丁格瓦特大桥。这座供自行车和步行者通过的扭曲的大桥，并不是由于设计建造上出了问题而不得不将错就错。荷兰人对扭曲的设计情有独钟，这个杰作又将他们的理念提升了一个等级。这座长达42m的桥由400根钢条焊接而成，既反映了荷兰人独特的桥梁建筑思维方式和创造力，也印证了其高超的建桥工艺和水平。它的扭曲设计来自建筑事务所West 8，独特的三维设计值得一游。人们从这座大桥上通过时，会有一种很奇怪的歪歪扭扭的感觉，又像是走进了时光隧道，有科幻的感觉。

图 3-60 荷兰神奇的扭桥

老穆说桥之四：
我国援建和承建的国外特大型桥梁

4.1 引 言

近年来，我国从大型桥梁钢结构出海到施工总承包，从设计出海到标准出海，从海外国家对中国制造的质疑，到对中国建桥技术的充分信任和高度赞叹，充分说明中国桥梁通过国际竞标、国内投资带资修建、商务援助、援建等多种模式，已一步一步走向世界市场。"中国桥"正成为一张张闪亮的中国新名片，推动中国桥梁跻身世界先进行列。下面介绍近年来我国援建和承建的十座有代表性的国外特大型桥梁的建设和技术创新情况，以及相关感悟和建议，让大家深入了解海外的"中国桥"。

4.2 我国援建和承建的十座国外特大型桥梁

4.2.1 美国新海湾大桥

2013年9月3日，美国旧金山-奥克兰海湾大桥正式通车。这座新海湾大桥坐落在美国西海岸旧金山海湾地区，是世界同类钢结构桥梁中技术难度最高、跨径最大的单塔自锚抗震悬索钢桥。大桥的总跨径为565m，其中左跨为180m，右跨为385m。我国振华重工承建新海湾大桥4.5万t的钢结构，2011年完工交付，历时5年。该桥连接旧金山和奥克兰，全长2880m，双向十二车道，设计日均汽车流量达30万辆，是旧金山市的交通咽喉，可抵御8级地震。

该大桥建成后，成为旧金山的新地标，并与美国东海岸的自由女神像遥相呼应。在美国新海湾大桥建设过程中，振华重工开创了"工位管理"模式，收集整理工艺、质检等各类数据，对项目人员进行量化考核，实时记录每一天、每小时甚至每一步骤的天气情况，随时将天气对生产的负面影响通报给美国用户，不仅保证管理质量，更为与用户合理交涉和索赔提供了依据。

在产品检测上，振华重工实现了该项目全部钢结构都顺利通过全球顶尖的"相控阵技术检查"，检测技术将焊缝的平面检查升级为三维检查。在项目签订之初，全球尚

图 4-1　美国新海湾大桥

未出现在钢桥领域应用该项技术的先例，振华重工从而成为国内首家通过"相控阵技术检查"的大桥钢构高精尖焊接企业。

美国新海湾大桥的建设，为我国企业跻身于世界一流桥梁制造商、更好地拓展世界桥梁市场提供了有力支撑。

4.2.2　印度尼西亚泗马大桥

2009年6月10日，连接印度尼西亚爪哇岛和马都拉岛的泗水-马都拉大桥（泗马大桥）建成通车。这是当时东南亚最大的跨海大桥，由中交集团以总承包模式承建。大桥采用中国标准规范设计施工，是中国企业将具有自主知识产权的技术输出国门的第一个大型桥梁工程技术项目。

泗马大桥坐落在印度尼西亚爪哇岛，是连接印度尼西亚第二大城市泗水和经济基础薄弱的马都拉岛的第一座跨海大桥，总长5438m，由主跨434m的斜拉桥、引桥和堤岸桥组成，其中主桥长818m，引桥长1344m，桥宽30m。全长2162m的主桥、引桥部分由中国路桥公司承建，泗水一侧引桥由印度尼西亚政府确定的分包商负责。大桥动工以后，中交集团从各处抽调了专业技术人员确保大桥的进度和质量，特别是在冲刺阶段，他们严格按照规划要求，日夜奋战，使大桥按时顺利合龙。

泗马大桥是中国公司当时在海外修建的最大的斜拉桥项目，也是中国公司"走出去"的较早签约和初见成效的国际工程项目之一，在印度尼西亚引起较大反响，树立了中国公司的品牌形象。

老穆说桥之四：我国援建和承建的国外特大型桥梁 |

图 4-2　印度尼西亚泗马大桥

4.2.3　巴拿马运河三桥

巴拿马运河三桥是巴拿马运河上大西洋侧的第一座大桥，也是世界上跨径最大的混凝土斜拉桥之一。这座大桥采用四车道"干线公路"（Rural arterial highway）标准建设，桥梁标准宽度 20.8m，设计速度 90km/h。主桥为 79m + 181m + 530m + 181m + 79m 五跨连续混凝土梁斜拉桥，双索面，边跨设置 1 个辅助墩和 1 个过渡墩。全桥共设 128 对斜拉索，索面按扇形布置，每一索面由 32 对钢绞线斜拉索组成。

图 4-3　巴拿马运河三桥

2011 年 6 月，中交公路院规划设计竞标联合体成功中标巴拿马运河第三大桥设计项目。2012 年，继续中标巴拿马三桥的施工阶段技术服务及施工监理项目。这是中交公规院实施"走出去"战略的一个重大突破，也是我国勘察设计行业通过参加国际公开设计竞标首次中标的大型桥梁工程项目。

103

4.2.4 马来西亚槟城二桥

2014年3月1日，由中交集团承建的马来西亚槟城第二大桥举行通车典礼。大桥全长22.5km，主桥为长475m的三跨双塔H形斜拉桥，跨越槟城海峡的海上桥长16.37km，陆上引桥6km，主塔高93.6m，总投资额约14.5亿美元。槟城二桥是中马两国间最大的合作项目，也是当时东南亚地区最大的桥梁工程。大桥为双向四车道加双向摩托车道，设计速度80km/h，桥面宽28.8m，桥梁结构设计使用寿命为120年，是目前东南亚地区最长的跨海大桥。

槟城二桥如同一条蜿蜒的巨龙，横卧于大海的碧波之上。位于马来西亚西北的槟城州由槟岛和威尔斯利省构成，槟城海峡将槟岛与大陆分隔开来，槟城二桥就位于槟城海峡南部水域，连接槟岛东南部的巴都茅和威尔斯利省的巴都加湾。

图4-4 马来西亚槟城二桥引桥　　图4-5 马来西亚槟城二桥主桥

这座跨海大桥是中马两国政府间的合作项目，资金来源为中国政府优惠贷款及马来西亚政府财政拨款。我国中交集团所属的港湾公司以设计施工总承包方式承建第一标段海中主桥工程和引桥下部结构及基础工程，工作范围为主桥及桥面系、航行灯、主桥装饰灯、引桥基础及下部结构。

马来西亚槟城二桥所处区域为热带雨林气候，海洋环境，雨量充沛，日照时间长，昼夜温差大，氯离子引起的钢筋锈蚀是该工程钢筋混凝土结构破坏的主要形式。这座大桥的工程设计和施工主要采用的是英国标准（BS）、马来西亚标准（MS）、马来西亚公共工程局道路工程规范（JKR Specification），部分还借鉴了美国的ASTM和AASHTO标准。业主对工程质量要求很高，建设管理环境复杂，施工工期较紧，质量控制和质量管理模式必须符合马来西亚工程管理惯例。按照英国标准体系设计，在马来西亚环境中建造和运营的槟城二桥，如何才能保证达到120年的设计使用年限，是工程设计与施工中的重点和难点。

4.2.5 塞尔维亚泽蒙-博尔察大桥

2014年12月18日，塞尔维亚泽蒙-博尔察大桥建成通车，它是欧洲首座"中国造"大桥，由中国路桥承建、中交二航局参与施工。主桥跨径172m，这一跨径在同类桥梁中位列全球第九。20世纪60年代，南斯拉夫电影《桥》曾风靡中国。50多年后，泽蒙-博尔察大桥——一座"中国造"大桥在贝尔格莱德崛起，成为一道横跨多瑙河的风景。该大桥设计全长1499m，宽29.1m，高22.8m，分为南引桥、主桥、滩桥及北引桥4个部分。主桥上部结构为95m+172m+95m预应力混凝土连续箱梁，滩桥上部结构为5×48.4m+5×48.4m+5×48.4m预应力混凝土连续箱梁，北引桥上部结构为26m+3×35m+26m+4×35m预制安装预应力混凝土T梁，南引桥上部结构为2×48.4m预应力混凝土连续箱梁（现浇施工），基础为2.0m、1.5m及1.2m钻孔桩。

4.2.6 文莱大摩拉岛大桥

2015年5月6日，文莱大摩拉岛大桥开工，该大桥由中交集团所属中国港湾公司承建。大桥全长5915m，工程合同额2.6亿文币（约合人民币12.19亿元）。按照设计，大摩拉岛大桥为双向四车道桥，主要包括一座长2680m的跨海大桥，桥面宽23.6m。通航净高不小于28m，设计速度为100km/h。大桥的主桥采用连续刚构结构，单孔通航净宽120m。这是中国援外工程改革的第一个试点项目，也是援外资金与国家优惠贷款组合的项目，采用中国规范设计施工。

大摩拉岛大桥的建设，极大地推进了文莱东西部城市发展以及西部石油、天然气开发建设。大桥建成后，将连接文莱西部摩拉区和东部大摩拉岛，有助于重塑文莱经济发展格局，搭建起中文友谊之桥。

图4-6 塞尔维亚泽蒙-博尔察大桥　　图4-7 文莱大摩拉岛大桥

4.2.7 孟加拉国帕德玛大桥

2015年12月12日，由中铁大桥局承建、中铁大桥院承担施工详图设计和勘测的帕德玛大桥项目主体开工。横跨帕德玛河（恒河）的帕德玛大桥主桥全长6150m，为双层钢桁混凝土结合梁。大桥主桥上部结构为跨径150m的钢桁梁－预应力混凝土桥面板组合结构连续梁。这座公铁两用大桥项目合同金额15.49亿美元，折合人民币96.7亿元，是中国企业中标的最大国际桥梁项目，也是孟加拉国最大的基建工程。这座大桥的成功修建，让全球同业者认可了中国道桥建设的能力，并积极将中国标准采纳到新的基础设施建设国际标准中去。国际桥梁专家感叹："在帕德玛河这种河床泥沙质地很软、桥桩附着力较差的情况下，通过增加桥桩用钢量，实现建成孟加拉国百年大桥的目标，只能通过不断试验得出结论。"为此，工程建设用了将近2年时间，多次纠正了国际桥梁设计专家的原有方案。

这座大桥也是一座"共享桥"。随着帕德玛大桥铁路连接线项目的相继展开，帕德玛大桥成为泛亚铁路的重要一环，同时也是"一带一路"的重要支点。这座大桥采用上层双向四车道公路、下层单线铁路设计，建成后，孟加拉国南部21个区与首都达卡之间居民仅靠摆渡往来的状况成为历史，同时该国南北铁路网也被打通。

图4-8 孟加拉国帕德玛大桥

孟加拉交通网实现南北陆路贯通后，中国经缅甸至孟加拉国的地面运输能力将大大提升，印度与孟加拉国的经贸往来也会更加紧密，孟中印缅经济走廊建设也将进入实质推动阶段，实现了与当地的"民心相通"，为中国众多海外项目"走出去"奠定了良好的社会基础。

4.2.8 坦桑尼亚基甘博尼大桥

2016年4月19日，由中铁大桥局承建的东非最大斜拉式跨海大桥——基甘博尼大桥开通运营。这是中国企业在坦桑尼亚承建撒哈拉以南非洲最大的斜拉式跨海大桥，非洲再添"中国制造"新名片。坦桑尼亚总统率民众与中方建设者们共同见证了这一历史时刻。

该项目合同额为 1.35 亿美元，工期为 36 个月。基甘博尼大桥全长 680m，主桥为钢筋混凝土双塔单索面斜拉桥，主跨 200m，桥面宽 32m，双向六车道。桥面以上桥塔高 55m，每座塔上有 9 对斜拉索与桥面相连。中国中铁以国际标准对设计、材料、施工多方面实施严格控制，确保了这座地标性建筑圆满完工。这座大桥连接

图 4-9　坦桑尼亚基甘博尼大桥

达累斯萨拉姆市与海洋资源丰富的基甘博尼地区河流峡谷众多的库拉希尼湾，毗邻埃及、苏丹等多个国家，200 多年来，两岸交流全靠人工轮渡，交通瓶颈制约了东非经济的发展。自 20 世纪 50 年代坦桑尼亚民众就渴望改变这一现状，该国于 2012 年实施国际招标建设首座跨海大桥。

基甘博尼跨海大桥的顺利交付使用，结束了当地几百年来全靠人工摆渡才能到达库拉希尼湾的历史，搭起了 30 分钟交通圈，便捷了民众出行，缩短了两岸贫富差距，为非洲经济发展打开了幸福通道，开启了坦桑尼亚乃至整个东非地区发展的新纪元。

4.2.9　摩洛哥穆罕默德六世大桥

2016 年 7 月 7 日，中铁大桥局牵头建造的非洲最大斜拉桥——摩洛哥穆罕默德六世大桥（又称布里格里格河谷斜拉桥）正式通车。这是摩洛哥王国投资兴建的第一座斜拉桥，全长 951.66m，主塔采用漂亮的钻石结构外形，被当地人称为"梦想之桥"。同时，这也是一座象征中非友谊的"心灵之桥"。

摩洛哥穆罕默德六世大桥是非洲开工建设的第一座现代化斜拉桥，也是当前非洲最大跨径的斜拉桥。摩洛哥穆罕默德六世大桥全长 951.66m，桥面总宽 30.4m，主桥为 183m + 376m + 183m 叠合梁斜拉桥，主塔采用四肢分离式空间曲线形混凝土结构；主梁采用边主梁结构，混凝土边主梁之间

图 4-10　摩洛哥穆罕默德六世大桥

通过钢桁梁连接，钢桁梁上安装预制混凝土桥面板，主塔墩采用扩大基础。引桥为 5×40m 预制 T 梁结构。该桥主塔设计独特，主梁设计简洁，是当前非洲大陆已建成的最大跨径的斜拉桥，也是世界上第一座采用空间曲线型主塔的斜拉桥。

这座大桥设计上的最大亮点就在于两座主塔。主塔采用漂亮的钻石结构外形，由底部向上延伸呈弧形逐渐打开，在中部渐分为四支，至塔顶又合为一体。其设计具有典型的阿拉伯建筑特点，具有"胜利之门""理想之门"的寓意。

4.2.10 马尔代夫中马友谊大桥

2015 年 12 月，中交集团承建的中马友谊大桥项目在马尔代夫举办签约仪式暨开工典礼。马尔代夫总统亚明率马尔代夫政府全部内阁成员出席仪式，中国政府特使参加仪式。项目线路全长 2000m，由桥梁、填海路堤及道路等工程组成。主桥全长 760m，为主跨 180m 连续刚构桥。项目按一级公路标准设计，设计使用寿命 100 年。大桥于 2018 年 8 月 30 日正式开通，成为马尔代夫的新地标，改善了马累岛与机场岛间的交通状况，推动"大马累区域"经济发展。

图 4-11 马尔代夫中马友谊大桥效果图

中马友谊大桥位于马累岛至机场岛之间的走廊地带，跨越 Gaadhoo Koa 海峡，是马尔代夫的首个大桥项目、马尔代夫最重要的岛屿连接线工程，也是迄今为止中马合作的最大项目。在马尔代夫开展基础设施建设，充分体现了中国积极推动世界和平发展的大国担当精神。中马友谊大桥的建成，不仅实现了马尔代夫多年来的大桥梦，也进一步增强了两国人民之间的友谊。这座中马两国共同商定、共同命名的大桥项目，是中国践行"一带一路"倡议实施的重点工程。中方同马方携手努力，以中马友谊大桥建设为契机，不断丰富两国共建"21 世纪海上丝绸之路"的内涵，进一步巩固和发展两国全面友好合作伙伴关系，造福两国人民，促进地区和平、稳定和繁荣。

4.3 相关感悟和建议

20世纪90年代以来，我国桥梁建设者始终紧盯国际桥梁技术发展水平，积极研究和掌握前沿技术动态，在城市桥梁、公路桥梁及公铁两用桥设计和建造技术方面不断取得突破。我们已拥有世界建桥领域所运用的成熟施工工艺和工法，具有持续不断的桥梁科技创新能力，取得大批桥梁科研成果、具有自主知识产权的专利和专有技术；具有独立设计各类型桥梁的能力，能够解决各种复杂的桥梁建设疑难问题。

但也要清醒地认识到，与世界桥梁强国相比，我们还存在一些技术差距。在大跨径桥梁设计方面技术储备不够，如主跨3000m级悬索桥及1500m级斜拉桥等结构体系与关键结构问题有待解决；高性能材料方面的研究与应用滞后；与超大跨径相匹配的支座、伸缩和阻尼等装置、设备研究开发不足。要巩固世界桥梁强国地位，我们还需要加强以下各方面桥梁技术的研究工作：

桥梁设计方面的标准规范工作：我们的设计技术标准规范还比较滞后，譬如一些大跨径桥梁设计还没有标准可以依托，需要引进国外桥梁先进的技术规范标准。在新的大跨径钢斜拉、钢悬索施工中，很多经验并没有及时总结，急需对相关规范和标准进行修订和制定。

桥梁工程的防灾减灾工作：我国桥梁工程防灾减灾的基础性工作还比较薄弱，需尽快建立桥梁风险评价基础资料的数据库，包括桥梁事故、灾害实例数据库等。应针对不可避免的自然灾害风险，如风暴，潮流及波浪灾害风险，暴雨及内涝，地震及海啸，雷击等；意外事故风险（不可抗力），如船舶碰撞等。重视桥梁结构施工技术的创新，不断开展主要施工设备、管理及责任风险等方面的深入研究，并提出相应的对策。

桥梁长期性能研究及养护管理技术工作：针对我国桥梁长期性能研究和长大桥梁运营管理的技术需求，需要尽快研发高精度、长寿命、智能化传感器等新材料和新设备，不断提升桥梁关键状态参数和性能指标的长期跟踪监测技术；构建桥梁健康诊断以及性能和抗力衰变监测技术体系与标准，研发基于BIM技术的桥梁管养系统，以推动我国桥梁养护管理技术的发展；进一步完善和发展桥梁技术状况评定、承载能力和减灾防灾能力鉴定方法，构建桥梁安全可靠性评估和使用寿命预测等的理论体系及技术方法，以推动我国特大桥梁服役可靠性的提升和使用寿命的延长。

桥梁美学和桥梁景观对建桥所在地的综合影响越来越重要，我们应从桥梁的方案设计阶段开始，将美学构思包括色彩、照明等融入桥型、桥孔布置、结构造型的设计中。桥型结构力求新颖别致、布局协调紧凑、线条明快，富有个性；树立可持续发展的理念，避免对生态环境的破坏。同时，应避免刻意对已建桥梁工程做表面的美化设计和后期工程。

要强化设计与施工的精细化，提高桥梁建设的工程品质（包括桥梁的伸缩装置、支座及防水技术等）；加大桥梁工程在新结构、新材料、新工艺和新装备上的研发与应用力度，为跨江跨海重大工程建设项目的建设提供技术支撑；要提升桥梁养护管理技术和水平，在开展桥梁常规检查、评价、维修与养护工作的同时，尤其要注重特大型桥梁的安全运营与监测，确保重要桥梁的运营状况实时可控。应加强桥型结构和"四新"的研究开发工作，交流、吸纳国内外的先进技术经验。

4.4 结　语

上述十座国外特大型桥梁展现了近年来我国援建和承建国外特大型桥梁工程的建设成就与技术创新，充分证明了我国桥梁工程技术的建设实力。但在成绩面前，我们应居安思危，清醒地看到我们在桥梁建设的核心技术、桥型与结构体系、材料性能和装备水平、桥梁监测与评估技术、标准规范等方面与国际先进国家的差距。

桥梁设计是工程建设的灵魂，施工是建桥的关键环节。精心设计、精心施工是建设精品桥梁工程的必备条件。当前我国不少桥梁工程存在着设计施工周期短、低标价中标等问题；周期短、工程建设费用低，竞争和创新激励机制不强，设计片面追求单项技术指标的突破，对相关技术的深入研究和优化比较不足，必然影响桥梁工程的水平和寿命。

我们要继续加强与国际同行的交流，积极关注国际上该领域的发展趋势，及时了解和搜集国外的最新科研成果，促进国内外的学术交流，大力促进我国城市桥梁防灾减灾方面的技术进步，推动我国城市桥梁建设的可持续发展，大力促进我国桥梁工程的技术进步。

老穆说桥之五：
建设智慧城市　打造桥梁强国

5.1　引　言

住房和城乡建设部于 2012 年 12 月 5 日发布了《关于开展国家智慧城市试点工作的通知》，并印发了《国家智慧城市试点暂行管理办法》和《国家智慧城市（区、镇）试点指标体系（试行）》两个文件，指出建设智慧城市是贯彻党中央、国务院关于创新驱动发展、推动新型城镇化、全面建成小康社会的重要举措。

智慧城市建设是在原有城市基础设施上，综合运用新一代信息技术，赋予基础设施交互能力，对物体进行识别，感测城市运行的基本状况，实现物与物之间的信息传递；通过云计算平台对交互感知得到的信息进行统一管理和调度，城市各相关部门根据所需提取信息，进行智能处理、分析预测，形成诸多系统方案：智能交通管理系统、医疗信息系统、智能安防管理系统、智慧能源管理系统、水质环境监控系统、智慧校园管理系统、移动办公管理系统、智能票务管理系统、虚拟旅游管理系统等。通过打造一个统一的城市运营指挥中心，为城市管理者提供高效的城市管理手段和途径，从而为企业提供优质服务和广阔的创新空间，为市民提供更好的生活品质。

内蒙古赤峰市：在城市布局中，充分利用风力发电的优势，智慧地规划了风电研发生产基地、新能源汽车生产基地、电子元器件研发中心、创意产业孵化区、新能源产业研发中心和聚集区，以及其他生产配套区域，如居住、商业、公园、学校、医院等。此规划运用创新型思维，跨界解决城市发展问题，为智慧城市建设提供了可借鉴的经验。

北京互联网+供热能源管理平台：在建设智慧城市中，将互联网、物联网技术与能源管理系统整合，为用户搭建可以自由发挥的平台。这个系统能够针对用户需求，譬如大型供热企业或者政府管理部门，提供相应的模块，实现模块的自由组合。开放的网络架构使信息在权限内实现共享，建立集中的云服务平台，供热企业或者用户不需要有一套单独的信息管理系统，直接接到这个平台，配置相应的功能和模块即可。

5.2　智慧城市的内涵诠释

智慧城市是指在城市发展过程中，在城市基础设施、资源环境、社会民生、经济产业、城市治理领域中，充分利用物联网、互联网、云计算、IT、智能分析等技术手段，对城市居民生活工作、企业经营发展和政府行政管理过程中的相关活动，进行智慧的感知、分析、集成和应对，为市民提供一个更美好的生活和工作环境，为企业创造一个更有利的商业发展环境，为政府构建一个更高效的城市运营管理环境。智慧城市的核心是构建智慧型城市运行生态系统和城市产业生态系统。

智慧城市是要面向未来，创建以数字化、网络化、智能化为主要特征的智慧城市，它已被列为我国未来城市的重要发展目标。因此，我们需要从智慧城市的内涵、规划现状、市场前景、解决方案、典型应用等多个角度，深层次探讨我国智慧城市的发展方向。

智慧城市的核心是数据，数据的核心是采集公共信息，普及大数据交换产品，提供最完备的数据交换与信息发布体系架构与平台。它采用微服务架构，以元数据为核心，通过数据采集、数据传输、信息发布与共享、数据治理、作业调度、运维监控等工具，建立完善的信息资源运营体系。大数据平台可以帮助客户快速建立标准的公共信息管理体系，有效提高数据质量，保护数据的安全，从容应对海量数据交换。

住房和城乡建设部从城市建设和管理运营方面着手，从新型城镇化定位的落地以及解决城市实际问题入手，提出并推动智慧城市试点创建工作，其重要内容是从方法论高度重新认识城镇化发展和规划，智慧地规划和管理城镇，智慧地配置城市资源，优化城市宜居环境，提升城市文化的传承和创新，最终实现市民幸福感和城市可持续发展。

住房和城乡建设部倡导智慧城市是智慧推进新型城镇化建设，也就是说通过体制和机制的创新，与先进技术的应用相结合，解决城市发展中承载力不足和安全隐患等问题，优化城市功能，提升城市管理能力和服务水平，促进产业升级和转型，保障和改善民生，使城市可持续发展。这里面提到三个方面的问题：一是提高政府的管理能力和水平，二是产业发展转型，三是改善民生。

目前我国尚未建立一个综合、统一、有效的机制去统筹智慧城市建设。国务院已部署国家发展改革委和工信部牵头，联合六部委印发《关于促进智慧城市健康发展的指导意见》，明确从国家层面来建立工作协调机制，建立国家智慧城市跨部委的联席会议制度，并统一制定我国智慧城市发展的促进政策以及开展国家层面上的大试点。我们应通过智慧城市这个城市信息化的高级形态和先进城镇化发展模式，深入探讨与智慧城市相关前沿理论与方法，通过不同主题的互动，研究和解决智慧城市发展中的一系列关键问题，加速先锋领域的资源整合，为城市的智慧发展做出贡献。

我们深感，智慧城市是综合性的系统工程，涉及多个行业。城市桥梁作为智慧城市理念的物质载体，在类型、空间、形态、技术系统方面有新的需求。对设计师来讲，需要深入了解智慧城市系统的内涵，利用专业知识予以积极应对。这既是挑战也是机遇，创新也往往孕育其中。

5.3 城市桥梁在智慧城市建设中的重要作用

所谓的城市桥梁，通常是指城区范围内建造的跨河、跨江、跨海桥梁，立交桥梁，人行天桥等，其经济纽带、城市脊梁作用不言而喻。我国现行的城市桥梁设计载荷标准将城市桥梁称作"城市内新建、改建的永久性桥梁和城市高架道路结构以及承受机动车辆荷载的其他结构物"。虽然是学术和专业的指向，但一语道破其重要的功能和作用。

桥梁是城市建设中人们智慧和科技的结晶，我国桥梁建设有着悠久的历史。按照智慧城市的理念和内涵，特别是创建以数字化、网络化、智能化为主要特征的智慧城市，应积极探讨城市桥梁在建设智慧城市中的重要作用，笔者认为应关注以下7点：

一是积极推进城市桥梁管理信息系统建设，特别是体现数字化、网络化、智能化，各个城市应遵循《城市桥梁安全检测和管理信息系统建设导则》，督导各地特别是省级和地级城市桥梁管理信息的建设。

二是按照桥梁风险评估的定义、常用方法及基础模型，根据城市桥梁运营期特点，做好城市桥梁安全检测和加固改造的指导工作，执行《加快城市道路桥梁建设改造的通知》，组织专家对各地进行指导和监督检查。

三是认真执行城市复杂桥梁强制性评估工作，特别是相关的强制性指标、冗余度系数、强度储备系数和强度剩余系数等指标，要开展对结构退化和偶然荷载作用下复杂桥梁的评估工作。

四是建立城市桥梁风险事故数据库，对已往发生的城市桥梁运营期风险事故进行调查和分析，并按照事故原因进行统计分析，为风险源辨识和风险应对策略制定提供依据；提出基于事故树法和层次分析法的风险源辨识方法及实施程序，并对主要风险因素进行重要性排序。

五是提出基于时变可靠度理论的城市桥梁运营期风险概率估测模型，将风险损失分为结构损伤、交通延误、人员伤亡、环境及社会损失等类型，建立城市桥梁运营期风险损失估测模型。

六是建立桥梁风险评价指标和风险可接受准则，并引入风险当量估计法对难以直接进行量化估测的风险损失项进行估测，督导开展各地危桥改造工作。

七是面对日渐增多的城市桥梁事故和趋于增长的风险损失，应进一步完善城市桥梁运营期风险管理机制，制定有效的风险对策。

5.4 我国城市桥梁建设存在的问题

进入 21 世纪以来，以长江大桥和港珠澳大桥为代表的标志性桥梁的成功修建，以及各类桥梁倒塌等灾害事故的频繁发生，充分表明当前既是我国桥梁建设快速发展的时期，又是城市桥梁倒塌事件的多发期。因此，我国在大力推进城市化进程的今天，需高度关注智慧城市中桥梁建设的相关问题。

2011 年 8 月 12 日，国内几十家报刊曾集中报道，当年已发生 8 起垮桥的恶性事件，造成人员伤亡。据 2015 年的相关统计，此前五年中国至少有 17 座大桥垮塌，200 余人伤亡，其中近六成建成不足 20 年。

交通运输部提出，目前我国桥梁管理在资金保障、制度建立、超限运输治理、安全区域划定、应急处置、信息化系统建立、技术档案管理、桥梁检查与评定制度、桥梁养护工程师制度、责任划分制度等十个方面存在着问题。按照建设国家智能城市的要求，笔者认为，我们在城市桥梁领域应关注下列问题：

（1）随着我国经济建设的不断发展，城市桥梁的结构退化、养护管理越来越被人们重视。我们对城市桥梁管理系统的开发与应用中的关键问题进行全过程分析方面还十分脆弱。

（2）尚需建立一个完备的城市桥梁管理系统的体系框架，认真分析研究开发过程中的关键问题，建立和完善我国各地城市桥梁管理数据库，真正实现数字化、网络化、智能化管理。

（3）尚需建立一整套桥梁技术状况检测评估体系，包括桥梁检测与监测数据采集、缺损状态等级评估、承载能力评估、功能适应性评价，提出基于动态监测数据采集系统的桥梁承载能力评估方法的整体实施计划。

（4）尚需建立桥梁结构退化预测体系，其中包括回归分析、灰色系统预测、马尔可夫及半马尔可夫概率模型等模型方法。回归分析中按照正态分布筛选进行预测，实现概率模型在桥梁网络级预测中的应用。

（5）尚需建立一套以桥梁检测评估为基础的多层次维修对策方法，其核心是建立桥梁评估－维修决策树模型，阐述桥梁项目级养护维修费用－效益分析和桥梁网络级优选规划的方法。

（6）在智慧城市建设中，找出与发达国家在城市桥梁领域信息化管理方面的差距，不仅要争当桥梁建设大国，还要争当桥梁建设强国，适应世界科技发展的最新趋势。

5.5　国内外智慧城市建设中城市桥梁领域的研究趋势

5.5.1　国外的研究趋势

欧盟基于以下六个指标体系来规定智慧城市的内涵：一是智慧经济，二是智慧运输业，三是智慧环境，四是智慧居民，五是智慧生活，六是智慧管理。

5.5.2　国内的研究趋势

5.5.2.1　关于大跨径桥梁抗台风的研究

城市大跨径桥梁受台风、温度以及载荷等外界因素的影响，会产生大幅振动和变形，可能造成桥梁坍塌事故的发生。近年来，我国广东地区对桥梁进行实时动态的变形监测和研究，获取桥梁在各种荷载作用下的变形数据，并对桥梁的实时位移情况做出评价，为验证桥梁结构设计的合理性和桥梁日常安全维护提供可靠依据。智慧城市建设的应用需求以及物联网和空间信息技术的快速发展使得桥梁实时动态监测研究成为当前桥梁监测领域的一个研究热点。

广州市建立了桥梁管理系统的功能模块：该管理系统是一个自成体系的计算机软硬件系统，其计算机硬件是计算机软件的实现平台，计算机软件则是计算机硬件的价值体现，由于两者是紧密结合在一起的，在讨论桥梁管理系统功能模块的划分时就不必将它们分开，下面的功能模块划分都是在系统整体意义上划分的。应当说明的是，进行桥梁管理必须制定相关的桥梁管理条例和桥梁的使用、监测规范，否则，所有的桥梁管理活动都无从做起。但是这些内容不在下面讨论的功能模块之内，因为规范和条例应是管理遵循的规则，它将反映于系统的每一个部分，而不是反映在系统的某一个部分。就一般意义上的功能而言，一个完整的桥梁管理系统至少应具备三个功能模块：数据库模块、仿真分析模块和决策支持模块。这三个模块的技术特征是：

（1）数据库模块：这一部分是整个桥梁管理系统的核心所在。它的主要任务是桥梁信息的存储和管理。数据库模块直接接收桥梁状态监测信息，为仿真分析模块提供初始数据，并直接或间接服务于决策支持模块。

（2）仿真分析模块：仿真分析模块是桥梁或桥梁构件性能退化模型（Deterioration Model）的系统实现。它直接读取数据库模块的相关分析指标的初始数据，利用内部建立的仿真模型进行未来的使用状态预测和维护需求分析，并且为决策分析提供备选方案。

（3）决策支持模块：决策支持模块将直接面对一般用户，为桥梁管理资金的分配和桥梁管理活动的计划决策提供支持。它将在主管部门的整个辖区范围内根据桥梁或桥梁部分构件的危险程度以及仿真分析得到的维护需求分析结果进行决策分析，统筹分配有限的资源。

5.5.2.2 建立城市桥梁管理系统

城市桥梁管理系统根据管理级别的不同，可分为两个类别：网络级桥梁管理系统和项目级桥梁管理系统。

网络级桥梁管理系统关心桥梁作为整体在公路网络里的营运状况，从整个地区的公路网络考虑分配资金，适合高层次的桥梁管理机构。它主要针对的是一个省（市）的桥梁网或一大批工程项目，着重对整个桥梁网络中一系列项目的决策，包括网络内项目的优先排序和最优化组合。

项目级桥梁管理系统以桥梁构件为基础对整个桥梁进行评估，提供桥梁维修加固建议，优化维护资金，适合低层级的桥梁养护单位。它主要针对的是单独的一个工程，可以是一座特大桥或一段公路桥，侧重于对单独项目的成本－效用做出决策，包括采取措施的时间与措施的类型。

广州市北环高速公路桥梁管理系统结构通过系统的需求分析和功能分析，可以得到系统的总体结构（或称为功能结构），系统针对不同用户群提供了各自需要的功能。在 NBMS 项目中，用户群被分为：检查人员、北环高速公路公司养护维修管理者、广州市高速公路总公司大修加固决策者、维修加固设计人员、数据管理人员等。

5.6 相关对策和建议

大数据是每个人的大数据，是每个企业的大数据，更是整个国家的大数据。大数据时代拥抱大数据，随着国家大数据战略的实施，基于大数据的智慧生活、智慧企业、智慧城市、智慧政府、智慧国家必将一一实现。为发挥城市桥梁在建设智慧城市中的重要作用，提出以下对策和建议。

5.6.1 相关对策

（1）抓责任落实，努力为市民提供一个更美好的生活和工作环境，为企业创造一个更有利的商业发展环境，为政府构建一个更高效的城市运营管理环境。智慧城市的核心是构建智慧型城市运行生态系统和城市产业生态系统。

（2）抓基层基础，由于城市基础设施（包括城市桥梁）多数处于超负状态，而材料和结构的性能又由于老化、腐蚀和反复荷载作用而疲劳。应对已建城市桥梁开展详细的调查和检测，针对城市桥梁超负荷承担车辆荷载，造成桥梁结构严重受损等情况，及早发现重大隐患。应健全各地的灾害管理工作机构和工作程序、制度，配备必要的人员、经费等工作条件，特别是加强灾害发生时部门之间的联动机制。

（3）对已建成的城市基础设施进行防灾管理和维护改造，建立科学的评价制度，加强灾害条件下易损性的研究，对其耐久性和使用寿命建立科学和定量的数据库，不断提高灾害的预警能力和防御能力。积极开展城市桥梁延性设计，增强桥梁安全储备的研究工作。

（4）加强城市桥梁在施工、管理、技术等方面新问题的研究工作，加强对城市桥梁灾害科学的研究，加强对水灾、地震及不可预见的其他灾害生成肌理、外在表现、损失大小以及造成的社会后果等的系统研究。

(5) 抓制度落实，抓人员培训，同时国家要出台相关的政策，明确信息化方面的培训计划。

(6) 抓实用桥梁养护技术推广应用。积极推广近景摄影技术对索塔表面进行观测，并建立桥梁中长期养护规划，养护检测通道的设计要可达、可检、可修，建立多层次专家团队。

5.6.2 相关建议

(1) 应充分认识城市桥梁在确保城市运营和安全上的重要意义。应从城市桥梁防灾减灾对于保障人民生命财产安全、促进我国可持续发展的战略高度去认识。针对近年来我国极端性天气事件增多、地震灾害经常出现、人为灾害时有发生的问题，必须将此项工作列为一项长期、艰巨的任务来抓。

(2) 国内相关的高等院校、科研机构应和从事城市桥梁建设的设计、施工、监理和建设方密切结合，共同推进我国城市桥梁风险评估领域的发展。

(3) 对已出现的城市桥梁倒塌事故和案例，应本着科学、客观、公正的态度，将最终的结论向社会公开，并组织召开专题研讨会，使更多的人从国内外发生的桥梁倒塌事故案例中汲取经验和教训，防微杜渐，通过共同努力，使我国城市桥梁的风险损失降至最低。

(4) 国家和各省（区、市）应在建设智慧城市中，在人力和资金上，给予城市桥梁专题研究充分的投入。

(5) 要加强与国际同行的交流，积极关注国际上该领域的发展趋势，开展国内外的学术交流活动，及时了解和搜集相关领域的最新科研成果。

总之，在建设智慧城市的征程中，应从城市桥梁作为城市生命线工程最重要组成部分的角度，充分认识城市桥梁安全的极端重要性，大力促进我国城市桥梁防灾减灾方面的技术进步，推动我国现代城市桥梁建设的可持续发展。

老穆说桥之六：
新时代我国特大型桥梁的创新发展

6.1 引　言

最近20年，我国各类超大型桥梁得到了极大的发展，我们中国人设计建造了众多新颖的桥梁，并创下多个世界第一：连接云南和贵州的北盘江大桥是世界上最高的桥梁；武汉杨泗港长江大桥是世界最大跨度双层公路悬索桥；江苏沪苏通长江公铁大桥是世界首座跨径超千米公铁两用斜拉桥；"十三五"期间建成的港珠澳大桥集桥梁、隧道、人工岛于一体，是目前世界上里程最长、投资最多、施工难度最大、设计使用寿命最长的跨海公路桥梁……从超千米大跨到超8000t重载，从公路、铁路到公铁两用，一座座世界级桥梁的建成都凝结着创新的成果。

党的十九大以来，我国桥梁建设成就斐然，相继建成了沪苏通长江公铁大桥、平潭海峡公铁大桥、武汉青山大桥、丽香铁路金沙江大桥等多座世界级桥梁。我国已成为桥梁建造大国，在走向世界强国的征程中，向前迈进了一大步。

图6-1　"十三五"期间建成的港珠澳大桥

6.2 新时代我国特大型桥梁的创新发展

我国已进入新时代，下面介绍近些年我国已建成或建设中的 15 座特大型桥梁，以展示我国在特大型桥梁建造方面的创新和发展情况。

6.2.1 深中通道工程

图 6-2 深中通道工程

深中通道是我国广东省境内连接深圳市和中山市的跨海通道，东起深圳市宝安区鹤洲立交，西至中山市横门枢纽，全长 24km。

深中通道项目是世界级的"桥、岛、隧、水下互通"集群工程，是国家"十三五"重大工程和《珠江三角洲地区改革发展规划纲要（2008—2020 年）》确定建设的重大交通基础设施项目，是连接广东自贸区三大片区、沟通珠三角"深莞惠"与"珠中江"两大功能组团的重要交通纽带，是粤东通往粤西乃至大西南的便捷通道。深中通道项目于 2015 年底获国家发展改革委批复许可，2016 年 12 月 28 日开工建设。

深中通道于 2024 年 6 月 30 日建成通车，通车后由深圳到中山只需 30 分钟，彻底改变了粤西地区民众到深圳必经虎门大桥的历史，大大减轻虎门大桥长期拥堵的交通压力。深中两地同步进入半小时生活交通圈，可以促进粤港澳大湾区城市群在人文、物流、经济、文化等领域的互联互通和快速发展。

深中通道上游距虎门大桥 30km，下游距港珠澳大桥约 38km，采用八车道高速公路标准建设，设计速度为 100km/h。

深中通道工程由隧道、桥梁、人工岛和海底互通组成。隧道长 6845m，其中沉管段长 5035m，采用钢壳混凝土组合结构，整体式管节，纵向刚性结构体系；

岛上段长1810m，采用钢筋混凝土结构；全线设置东、西两处人工岛，东岛长930m，西岛长625m。桥梁长约16.9km，包括伶仃航道桥、中山大桥、非通航孔桥、岛桥结合桥等。伶仃航道桥采用530m+1666m+530m三跨吊全漂浮体系。中山大桥为主跨580m斜拉桥；泄洪区非通航孔桥跨径为110m，上部采用双幅钢箱梁结构，下部采用整体式桥墩；浅水区非通航孔桥采用60m跨径整孔吊预应力混凝土梁桥；岛桥结合段非通航孔桥采用45m跨径预应力混凝土现浇箱梁。

深中通道是集超宽超长海底隧道、超大跨海桥梁、深水人工岛、水下互通"四位"于一体的集群工程，规模空前、建设条件复杂、综合技术难度高，是我国继港珠澳大桥之后的又一项世界级重大跨海交通工程。

深中通道工程科技创新主要体现在：

一是深中通道采用八车道高速公路标准，沉管隧道总宽度达到了46—55.5m，行车道单孔跨度达18.3m，沉管隧道宽度和跨度均为世界之最。同时因具有大回淤、深埋等特点，采用传统的钢筋混凝土结构很难满足受力和耐久性的要求。如何合理选择沉管隧道结构形式，如何确保施工质量与安全，是该工程的难点和重点。另外，珠三角地区水深浅、地质条件差，沉管隧道预制干坞选址难度很大。西人工岛位于采砂区，工程地质条件复杂，岛上隧道止推段基坑止水难度大。

二是伶仃航道桥主跨为1666m，桥位距中山侧海岸约10km，桥下通航净空为76.5m，桥面设计风速达到了53.7m/s。伶仃航道悬索桥抗风以及大型海中锚碇的设计施工，是此工程桥梁的关键技术难题。

三是机场互通为海底互通立交，主线隧道宽度从46m变化到69.8m，匝道的最小半径为125m，最大纵坡为3.78%。其设计施工技术及运营期的行车安全保障措施，是深中通道设计的又一大挑战。

四是深中通道作为超级集群工程，已经远远超越了单纯的隧道、桥梁、水工的设计思路，需要用跨领域、系统化的理念来设计，需要优先考虑施工工艺和方法，需要整合隧道、桥梁、水工、疏浚、材料、装备等不同领域优势资源，站在国家工业化发展的高度来思考问题、解决问题。

6.2.2 粤港澳大湾区红莲大桥

红莲大桥为粤港澳大湾区重点基础设施项目，位于粤港澳合作全面示范区广州南沙自贸区。红莲大桥全长2200m，为双塔双索面混合梁斜拉桥，主桥长912m，塔高180m，跨越珠江水系龙穴南水道的主桥跨径达580m，是目前我国同类型多功能斜拉桥的最大跨径。此外，为解决龙穴岛的用水、燃气、用电以及通信需求，这座大桥还承担了多回路高压电缆、燃气、通信和输水管道的随桥过江功能，其搭载的过江市政管道规模也刷新了国内同类型桥梁之最。2023 年 5 月，红莲大桥建成通车。

据相关人员介绍，光是随桥过江的输水管道，重量就超过了

图 6-3　粤港澳大湾区红莲大桥

1000t，与普通的斜拉桥相比，红莲大桥斜拉索的受力、桥形调整、精度控制都更加复杂，管线过桥的技术难度为国内第一。

6.2.3　江苏五峰山大桥

五峰山大桥，是中国江苏省镇江市境内连接丹徒区与京口区的过江通道，位于长江水道之上，是连镇高速铁路跨越长江的关键工程，也是江都—宜兴高速公路跨越长江的工程。

五峰山大桥北起高红路，上跨长江水道，南至金港大道；线路全长 6409m，主桥长 1428m；大桥上层为双向八车道高速公路，设计速度为 100km/h，下层为双向四线高速铁路，设计速度为 250km/h。大桥于 2015 年 10 月 28 日动工兴建；

图 6-4　江苏五峰山大桥

2019 年 12 月 26 日，主桥合龙，大桥全线贯通；2020 年 12 月 11 日，铁路桥投用运营；2021 年 6 月 30 日，公路桥投用运营。

五峰山大桥在建设过程中遇到的难点为：

一是五峰山大桥设计为荷载大、公路铁路线路多的铁路悬索桥，不仅需要按高速铁路标准施工，也要按高速公路标准施工。

二是五峰山大桥南锚扩大基础位于山壑间，基坑防护及岩体开挖安全要求高。

三是 4 号主塔墩处地质复杂，基础结构为高低支腿大直径钻孔桩，施工质量要求高。

四是北锚碇沉井为中国当时平面尺寸最大的陆上沉井，因其尺寸大、入土深及质量大等特点，如何保证沉井基础的顺利下沉并精确定位尤为关键，难度极高。

五是五峰山大桥为中国第一座跨径超千米的超大型公铁两用悬索桥，主缆线型控制、吊索制造精度、两节段整体架设等关键工程难度大、要求高。

五峰山大桥主要科技创新为：

（1）新型结构体系。高速铁路桥梁首次采用悬索桥结构体系，世界范围内均没有规范或技术标准可直接参考，如何满足"安全、适用、经济、耐久"等性能要求，是设计面临的首要难题。工作人员通过开展加劲梁与悬吊结构构造及合理刚度研究、设计荷载模式研究、大直径主缆–索夹力学性能研究、抗风性能风洞试验研究、轨道几何形位研究、风–车–线–桥耦合振动研究等，建立了一整套高速铁路悬索桥关键设计参数指标体系。

（2）合理刚度指标。悬索桥整体刚度小，几何非线性强烈，对环境、荷载作用敏感，如何确定合理刚度指标，保证结构抗风抗震等动力性能满足要求，并为上部轨道结构提供可靠支撑，满足行车安全要求，是大桥设计的核心问题。工作人员通过开展结构整体静动力性能分析、车桥耦合振动分析和轨道几何形位分析，提出不同列车速度下高速铁路悬索桥的竖、横向挠跨比限值，以及梁端竖、横向转角限值。

（3）梁端变位控制。悬索桥跨径大，梁端纵、横向空间位移和转角量值大，与斜拉桥的梁端变位特征存在明显区别，如何适应温度作用下的纵向位移以及强风作用下的横向位移，如何降低梁端竖向转角，保证梁端轨道–桥梁结构的协同工作，提高列车通过梁端的安全性和平稳性，是大桥设计的控制环节。工作人员通过设置84m边跨和84m辅助跨提高结构竖向刚度、降低梁端竖向转角，通过系统开展设计荷载下梁端几何变位分析、具有自复位功能的弦杆外侧横向支座设计、跨中主缆与钢梁间的纵向斜扣索设计、176mm的大位移梁端伸缩装置和钢轨伸缩调节器方案设计，系统解决了悬索桥梁端空间变位控制问题。

（4）列车荷载加载。千米级公铁两用悬索桥列车设计荷载作用效应明显，桥上列车荷载分布及作用特征异常复杂，需合理考虑列车荷载加载模式，实现安全、经济设计，保证结构强度、刚度、稳定和疲劳等满足要求，是大桥设计的重点问题。工作人员通过开展列车设计荷载模式研究，得出不同运营条件下的列车荷载图式加载长度取值，提出多线列车荷载折减系数取值，实现了千米级大桥列车荷载的合理加载。

(5) 大尺度结构设计。巨型沉井、大直径主缆等大尺度结构的设计无规范或标准可遵循，设计理念和方法均与以往有所区别，如何实现巨型沉井的合理设计，如何考虑大直径主缆垂度效应、主缆－索夹相互作用和索夹滑移等问题，是大桥设计要突破的关键问题，须坚持理念和理论创新。工作人员通过开展大型沉井基础受力与变形特性研究、大直径主缆与索夹受力分析、高强螺栓紧固与索夹滑移分析等系列研究，建立沉井、主缆等大尺度结构的设计方法。

6.2.4 沪苏通长江公铁大桥

沪苏通长江公铁大桥位于长江江苏段，连接南通市和苏州市，全长11072m，包括两岸大堤间正桥长5827m，北引桥长1876m，南引桥长3369m；大桥上层为双向六车道高速公路（通锡高速公路），设计速度为100km/h；下层为双向四线铁路，设计速度为200km/h（沪苏通铁路）、250km/h（通苏嘉甬高速铁路）。大桥采用主跨为1092m的钢桁梁斜拉桥结构，为世界上最大跨径的公铁两用斜拉桥，也是世界上首座超过千米跨径的公铁两用桥梁。大桥采用主跨336m的刚性梁柔性拱桥结构，合龙精度控制在毫米级。

沪苏通长江公铁大桥是中国自主设计建造、世界上首座跨径超千米的公铁两用斜拉桥，其设计建造技术实现了五个"世界首创"：

一是实现千米级公铁两用斜拉桥设计建造技术。

二是实现2000MPa级强度斜拉索制造技术。

三是实现1800t钢梁架设成套装备技术。

图6-5 沪苏通长江公铁大桥

四是实现1.5万t巨型沉井精准定位施工技术。

五是实现基于实船－实桥原位撞击试验的桥墩防撞技术。在世界上首次组织了原位船撞试验，可实现3km范围防撞主动预警，有效保证桥梁和船舶安全。

6.2.5 贵州平塘大桥

贵州平塘大桥系贵州平塘至罗甸高速公路的控制性工程，全长2135m，主桥宽30.2m，桥面为双向四车道高速公路，设计时速80km。

老穆说桥之六：新时代我国特大型桥梁的创新发展 Ⅰ

平塘大桥为主跨 2×550m 的三塔双索面组合梁斜拉桥，于 2016 年 4 月 29 日开工建设，主塔塔高 328m，被业内专家和同行称为当今"最高、最美"的空间索塔，为世界第一高混凝土桥塔。平塘大桥施工技术非常复杂，施工难度大，属于世界级桥梁，建成后成为贵州地标性建筑。

图 6-6　贵州平塘大桥

平塘大桥位于平塘县牙舟镇与通州镇之间，横跨槽渡河峡谷，其创新之处为：

一是桥塔由混凝土修建，索塔为钻石形空间塔。全桥立三个巨型塔体，每座塔均由两个倒 A 字形的塔柱组合而成，在三个塔的两面又分别架设数十组不锈钢索，从远处看，好似三颗金光闪闪的巨型"钻石"镶嵌在大桥上，十分雄伟、瑰丽。

二是其中最大的塔体高 328m，这个高度相当于 110 层高楼，为世界第一高混凝土桥塔。在不分桥型的情况下，平塘大桥的塔高也刷新了已建成桥梁的塔高纪录，为亚洲第一高桥。

6.2.6　湖北武穴大桥

武穴大桥，是湖北省境内连接黄冈市与黄石市的过江通道，位于长江水道之上，是湖北省"953"高速公路网纵一线麻城—阳新高速公路和东营—深圳公路跨越长江的关键性控制工程。

武穴大桥线路全长 30993m，其中跨江主桥全长 1403m，两岸连接线全长 29590m；主桥采用 80m+290m+808m+75m+75m+75m 的跨径布置，北边跨和中跨钢箱梁全长 1166.6m，其中主桥钢箱梁全宽 38.5m，至索塔区缩窄为 36.0m，钢箱梁顶板外表面至底板内表面高 3.8m，标准梁段长 15m，

图 6-7　湖北武穴大桥

全桥梁段最大吊装重量为 332.1t，最小吊装重量为 93.9t；南边跨全长 236.4m，

125

箱梁全宽38.5m，至索塔区缩窄为35.5m，预应力混凝土箱梁外轮廓梁高3.822m；标准段顶板厚35cm，底板厚40cm，斜底板厚35cm，内腹板厚55cm；索塔处横隔板厚3.0m，与钢混结合段连接横隔板厚1.4m，其余横隔板箱内厚45cm，箱外厚35cm，顺桥向横隔板标准间距为7.5m。索塔桥面以上高度均为206m，其中北塔高269m，承台厚度为7m，高塔座2m，承台下布置38根长84m、直径为3m的钻孔灌注桩；南塔高233m，承台厚度为7m，承台下布置36根长59m、直径为3m的钻孔灌注桩。主桥钢箱梁段顺桥向标准索距为15m，南边跨混凝土箱梁段标准索距为7.5m，北边跨钢箱梁尾索区标准索距为9m和12m。全桥共计208根斜拉索，钢丝标准抗拉强度为1770MPa。

武穴大桥所采用的关键技术为：一是预应力混凝土梁采用长节段跳仓支架现浇施工，二是钢箱梁U肋全熔透焊接技术，三是钢混凝土结合段U肋加劲设计，四是无下横梁主塔构造设计，五是大直径斜坡岩钻孔系统技术创新。

6.2.7 广东珠江金海大桥

金海大桥是珠海建市以来兴建的最长的一座大桥，是沟通珠海东西部城区的重要通道，也是珠三角入海口上架设的第一条公路、铁路两用桥。金海大桥连接横琴新区与珠海金湾国际机场，以公铁合建的方式跨越磨刀门水道及泥湾门水道，路线全长9.5km，其中与珠机城际铁路合建的有7.1km。

金海大桥公路设计速度为100km/h，铁路设计速度为160km/h。2018年3月16日，金海大桥开工建设。2024年2月3日，金海公路大桥一期正式通车。该桥的建设大大缩短了金湾、横琴之间的距离，10—15分钟可以从金湾到达横琴，拱北到珠海机场仅需25分钟。金海大桥跨越磨刀门和白藤河水道的部分还采用了贝壳和浪花的造型，这正是珠海的标志。金海大桥作为珠海市东西部重要交通干线，连接珠海机场和港珠澳大桥，也是横琴新区对外最重要的交通转换枢纽。

金海大桥跨越珠江磨刀门水道入海口处，江阔水深，潮汐、台风常见，深厚软土分布，桥址自然环境复杂。大桥主桥采用四塔斜拉桥，公铁同层合建，中间通行双线城际列车，两侧布置高速公路，双向六车道并预留两个应急车道，桥面总宽49.6m。

主桥全长近1.4km，用钢量达5.1万t，总投资近13亿元，创下多项国内之最：

一是系国内首座公铁同层合建跨海大桥、国内首座公铁两用四塔斜拉桥；二是为国内桥面最宽、挑臂最长的桥梁；三是其主桥空间四柱式钢塔、挑臂式钢箱梁、塔梁固结及塔梁墩固结结构形式在国内均为首次采用；四是桥面宽度达49.6m，是国内首例公铁同层跨海大桥，其宽度也是世界罕见；五是在跨径大的前提下，其四塔双索面设计，对铁路行车的颠簸控制成为项目亮点，并成功攻破难题。

6.2.8 黑龙江同江大桥

同江大桥又称中俄同江铁路界河桥，位于黑龙江同江市与俄罗斯下列宁斯阔耶之间，全长31.62km，包括主桥、引桥、边检站和换装站。主桥建在同江哈鱼岛下游至俄罗斯下列港之间，跨越黑龙江干流，长2215.02m，其中中方境内1900.05m，俄方境内314.97m。大桥建成后，使我国东北铁路网直接与俄罗斯西伯利亚大铁路连通，极大地改善了中俄两国贸易运输条件，对加强中俄经贸合作产生深远影响。

俄罗斯莫斯科桥梁建筑设计院和哈巴罗夫斯克运输设计院的相关专家，依据本国设计规范，就中方提供的桥址平面、主桥全桥布置、桥墩结构等7份图纸及主桥设计方案文本涉及的相关技术参数进行了检算，对宽轨中心线至准轨中心线距离、钢轨顶至梁底高度等数据进行了确认。

图6-8 黑龙江同江大桥

按照中俄两国建桥协定要求的主桥共同勘察设计、共同投资建设的原则，俄方以中方的设计文本和相关图纸作为设计基础，并依据俄罗斯的建桥标准和技术规范进行研究和检算，与中方形成统一的设计方案报俄联邦政府主管机关履行审批手续。同江大桥主桥及引桥由中铁大桥局承建，为中俄边境的最大型桥梁，于2022年建成通车。

6.2.9 福建平潭海峡公铁大桥

平潭海峡公铁大桥是福建省福州市境内的跨海通道，位于海坛海峡北口，是福平铁路、长乐—平潭高速公路的关键性控制工程，是合福高速铁路的延伸、北京至台北铁路通道的重要组成部分，也是连接长乐和平潭综合实验区的快速通道。

平潭海峡公铁大桥线路北起松下收费站，上跨元洪航道、鼓屿门水道、大小练岛水道，南至苏澳收费站；大桥线路全长 16.323km，跨海段长 11.15km，其中上层为双向六车道高速公路，设计速度为 100km/h，下层为双线铁路，设计速度为 200km/h；项目总投资额为 147 亿元。平潭海峡公铁大桥于 2013 年 11 月 13 日动工建设；2019 年 9 月 25 日，全部桥梁合龙；2020 年 10 月 1 日，公路段通车试运营；2020 年 12 月 26 日，铁路段通车运营。

平潭海峡公铁大桥的主要技术创新为：

一是优化创新施工方案。铁路节段梁提运架方案变更，一次实现两孔同步架设。同时变海上运输为台后直接运梁上桥模式，此外，移动模架、高墩支架、塔吊作业、钢板桩围堰、挂篮施工、孤岛物资管理等各个方面均进行了有效的方案优化。

图 6-9 福建平潭海峡公铁大桥

二是"双孔连做"节段拼装造桥技术。为适应大风环境，减少海上、高空作业风险，采用国内首创双孔连做节段拼装造桥机，节段从台后上桥进行节段梁施工，避免了节段梁海运，该方案一次过孔可同时架设两孔梁，减少过孔次数，降低了安全隐患；与原施工工期相比，提前 6 个月完成架设，提高了施工工效。

三是"可视化仿真"BIM 技术。大桥为跨海公铁合建，工序立体空间交叉，干扰大，物资通道繁忙，施工组织极为复杂，易发生窝工、停工问题。利用"可视化仿真"BIM 技术，建立起桥梁施工结构的可视化三维模型，仿真模拟上部结构施工中存在的空间上的碰撞、时间上的冲突、环境因素的影响等，为科学预判及优化施工组织提供依据，确保上部结构施工组织安全、有序、高效。

四是突破规范限制工序作业条件。在有效施工天数不足 120 天的施工环境中，施工结构和设备抗台风设计，突破规范限制 6 级风停止工序作业的难题，对其重新界定，总原则为：挂篮走行、钢吊箱下放及吊装、造桥机及移动模架过孔作业风力小于 7 级，其他工序作业风力小于 8 级，大于 9 级风停止一切作业。

五是海上挂篮群。平潭海峡公铁大桥为我国桥梁悬臂挂篮施工数量之最，被称为海上挂篮群。全桥连续梁施工共有 103 个 T 构，海上高峰期投入挂篮总数高达 38 套，选择了受大风影响小的三角挂篮，提高挂篮系统的稳定性，降低风荷载抖振。

六是万吨高墩支架。针对处于大练岛上的山凹之间形成的"穿堂风"的影响，在大练岛施工现场不同高度设置风速仪，实时监测不同高度风力，并对高墩公路梁现浇支架进行缩尺模型风洞试验、固定模型天平测力边界层风洞试验研究，通过试验对比，指导结构设计和现场施工。

6.2.10 南京江心洲长江大桥

南京江心洲长江大桥，也称"南京长江第五大桥"，工程名为"南京长江梅子洲过江通道"，是江苏省南京市境内连接浦口区与建邺区的过江通道，位于长江水道之上，是南京"高快速路系统"中绕城高速公路一环的重要组成部分，也是世界首座轻型钢混结构斜拉桥。大桥于2017年4月1日开工建设，2020年12月24日通车运营。

南京江心洲长江大桥线路北起江北大道五里桥互通，上跨长江主航道至江心洲，与江心洲夹江隧道相接至江山大街，线路全长10.355

图6-10 南京长江五桥

km，桥梁总长4.4km，主桥长1796m，南北主跨斜拉桥长1200m；桥面为双向六车道城市主干道，设计速度为100km/h。

作为世界首座轻型钢混结构斜拉桥，大桥的技术创新包括：

一是主桥和引桥均采用了预制拼装结构，采用短线法预制拼装波形钢腹板节段梁，装配化施工比例高，提高了施工效率，节省了劳动力，有效减少现场作业时间和航道占用时间，保障了航运能力，减小了安全风险。使用新型材料粗集料活性粉末混凝土，优化了桥面板厚度，降低了组合梁自重，既预防了桥面板钢材料疲劳开裂的难题，又解决了沥青的材料缺陷，结构强度提高为传统材料的5倍，成本为传统材料的一半。

二是在大跨径斜拉桥上采用钢混组合索塔。其桥塔是钢混塔，外为钢板，内为混凝土，这是国内首个真正意义上的钢混组合索塔，也是世界范围内首次采用钢-含粗集料活性粉末混凝土桥面板结构。索塔采用装配化施工工艺，钢壳兼作混凝土模板，省去了大型爬模设备，缩短了建设时间。

三是大桥北接线跨堤桥及滨江大道桥采用的短线法预制拼装波形钢腹板节段梁技术，在世界上是首次。这种施工桥梁结构耐久性好，且施工时间快，对周围环境影响小。

四是吊装索塔时利用BIM技术对钢壳进行解构,将现有高精度的索塔首节钢壳BIM模型从不同高程处刨开,得到不同高程处的钢筋空间位置,再与承台预埋钢筋进行比对,制作定位框,由定位框的高精度来保证承台内预埋的首节钢壳钢筋的安装精度。

6.2.11 江苏常泰长江大桥

常泰长江大桥是长江上首座高速公路、城际铁路、一级公路"三位一体"的过江通道,于2019年1月9日开工,目前仍在建设中。

常泰长江大桥位于泰州大桥与江阴长江公路大桥之间,跨江连接常州与泰兴两市,主航道桥采用双层斜拉桥方式。项目起自泰兴市六圩港大道,跨长江主航道,经录安洲,跨长江夹江,止于常州市新北区港区大道。全长约37.383km,其中公铁合建的跨江大桥长5.304km,常州段接线长10.541km。

图6-11 江苏常泰长江大桥

常泰长江大桥的建设对泰州而言,不仅具有交通出行意义,更为重要的是,加快了跨江融合发展,推进了"锡常泰"城市组团。三种交通方式过江,在"锡常泰"城市组团建成了高度分享的1小时通勤圈,为经济融合发展提供了强有力的交通支撑,同时,对于拉动泰兴乃至黄桥地区经济发展也具有重要作用。

常泰长江大桥创下3项世界第一:一是为世界上首座集高速公路、城际铁路、一级公路为一体的过江通道,而且其主航道为主跨1176m的斜拉桥,将刷新公铁两用斜拉桥的世界纪录。二是两侧连接天星洲和录安洲的两座拱桥,也将成为世界上最大跨径的公铁两用钢桁梁拱桥。三是主桥主塔基础5号墩、6号墩钢沉井每个用钢量达1.8万t,沉井底面长95m、宽57.8m、总高72m,为世界在建最大水上沉井基础。

6.2.12 重庆宝山嘉陵江大桥

重庆宝山嘉陵江大桥全桥长约1.07km,道路宽39m,两侧各有3m宽的人行道,中间是2m的分离带。大桥设计双向八车道,设计速度80km/h。宝山嘉陵江大桥主桥长530m;主跨为250m,为连续刚构桥;两侧引桥共601m,其中东侧引桥长 88m，西侧引桥长 513m。

为加速北碚区融入主城核心区，以"三桥一路"为代表的重点交通项目在北碚相继展开。宝山嘉陵江大桥项目起于蔡家片区石龙村西桥头立交，跨过嘉陵江，止于悦来片区椿萱立交，按城市快速路标准设计，设计速度为 80km/h，标准段路幅宽度 39m，双向八车道（含保税物流通道）。线路全长约 3.38km，含互通式立交 2 座（西桥头立交、椿萱立交）、跨嘉陵江大桥 1 座（宝山嘉陵江大桥）。

正在建设中的宝山嘉陵江大桥为东西向，是重庆市城市快速路建设的重要部分。大桥采用路轨分建模式，将与重庆的轨道 13 号线同桥位过江。大桥建成后，在蔡家组团与悦来组团之间，将会形成又一幅轨道、公路桥并行的画面。

图 6-12 重庆宝山嘉陵江大桥

6.2.13 广东调顺跨海大桥

2021 年 6 月 28 日，广东调顺跨海大桥正式通车。这座大桥以中国传统文化为设计理念，主塔设计以中国红为主色，桥塔上部采用新中式简约手法，以传统印章作为设计灵感，篆体书写"调顺"二字，整体构筑物的色彩运用和概念意向都表达了对传统文化的传承与发展。

图 6-13 广东调顺跨海大桥

调顺跨海大桥主要创新点为：

（1）主桥定位为湛江市地标性建筑，桥型的选择及景观要求高，而这座新桥在桥梁美学上，展现了对中国传统文化的传承与发展。

（2）作为大型的跨海桥梁，东西引桥海上施工规模较大，施工难度较大，大桥在建设中克服了许多困难，并有诸多创新。

（3）桥位处受洪流及潮汐的综合影响较大，水文条件复杂；地质条件较差，覆盖层厚；海工环境对桥梁结构有着强腐蚀作用，桥梁的耐久性设计非常关键。

131

（4）调顺跨海大桥作为湛江市路网规划中湾区内环的北线组成部分，已成为湛江市区与海东新区的重要连接纽带，对推动湛江迅速融入、对接、服务粤港澳大湾区，助力广东省东部海洋新城建设，加快广东粤西片区经济快速发展具有重要作用。

6.2.14 重庆郭家沱长江大桥

郭家沱长江大桥及南延伸段项目，连接重庆市江北区郭家沱与南岸区峡口镇，南起茶园立交，经兴塘立交、峡口立交，跨越长江后，北至花红湾立交，线路全长12.7km。大桥为公轨两用桥，是轨道交通8号线的过江通道。

图 6-14 重庆郭家沱长江大桥

大桥主线全长约6.3km，包含特大桥1座，长约1.36km，按双向八车道设计；南引道长约2.1km，含全互通立交1座；北引道长约2.8km，含简易立交2座；按城市快速路设计，行车速度为80km/h，路幅宽度为36m。

郭家沱长江大桥及南延伸段通车后，完善了城市快速路系统，分流主城中部城区、南部城区南北向道路交通压力，缓解了中心城区路网拥堵情况。郭家沱长江大桥于2023年1月通车，是目前国内跨径最大的公轨两用悬索桥。

作为极其重要的基础设施项目，这座大桥在当地发挥了重要作用：

一是加快重庆两江新区、南岸区与主城各组团的联系；二是实现城市核心区对外的联系，完善骨架网络结构和轨道交通网络。

6.2.15 贵州开州湖特大桥

贵州开州湖特大桥全长1257m，主跨约1100m，是亚洲第四大山区跨峡谷类型悬索桥，由贵州公路集团第三分公司瓮开Ⅵ标承建。开州湖特大桥为瓮开高速公路全线控制性工程，建设工期紧、任务重、地质条件差、交叉干扰大，具有世界级施工难度。

这个项目的开工建设正值新冠疫情期间，大桥Ⅵ标项目部于2020年2月10日率先复工。面对疫情影响及工期压力，项目部精心组织、倒排工期，加强资源配置，推进工艺工法创新，全员抢晴天战雨天，坚守在施工一线。瓮开高速公路开州湖特大桥全桥共需吊装76榀钢桁梁，通过荡移调整端梁的方式确保主桥顺利合龙。

开州湖特大桥的创新性突破为：一是1100m跨径的大桥在高山峡谷中通过荡移调整端梁的方式顺利合龙，表明现代中国建桥技术步入世界前列。二是这座高难度的科技型桥梁，创下了多项国内及世界桥梁建设新纪录，彰显了中国制造向中国创造转变的新突破。三是瓮开高速公路开州湖特大桥为亚洲第四大山区跨峡谷类型悬索桥。

图 6-15 贵州开州湖特大桥

6.2.16 广西天峨龙滩特大桥

天峨龙滩特大桥于2020年开工，2024年2月1日建成通车。大桥横跨河池市天峨县龙滩水库，飞架红水河上，气势如虹。主桥为上承式劲性骨架混凝土拱桥，跨径600m，是目前世界最大跨度劲性骨架混凝土拱桥，引领世界拱桥正式迈入600m级时代，实现世界拱桥发展史上里程碑式的跨越，也是中国桥梁国家"新名片"。

图 6-16 广西天峨龙滩特大桥

作为新的"世界第一拱"，天峨龙滩特大桥主跨跨度更大，科技含量更高，建设费用更省，后期维护更便捷，建设方式更环保，"产学研"合作更本土化。在建设过程中，项目采用超大跨度劲性骨架混凝土拱桥设计方案，首次明确劲性骨架拱桥应采用容许应力+二类稳定极限承载力结构分析方法，为大跨拱桥设计提供了新范式。此外，项目还围绕大跨拱桥拱肋吊装、混凝土防裂等方面开展科研攻关和技术攻坚，掌握10余项超大跨径劲性骨架混凝土拱桥系列核心关键技术，拱桥施工工艺实现新跨越。

6.2.17 张靖皋长江大桥

张靖皋长江大桥连接苏州、泰州和南通三市，起自南通市如皋石庄镇，跨越江心洲（泰州市靖江民主沙岛），止于苏州市张家港，线路全长30km，跨江段全长7859m，大桥2022年10月开工，预计2028年建成通车。

张靖皋长江大桥南航道桥为主跨2300m的超大跨径悬索桥，是中国桥梁突破2000m跨径大关的"开篇之作"，也是世界上跨度最大的在建桥梁，拥有世界最大跨度桥梁、世界最高索塔、世界最长高强度主缆、世界最大地连墙锚碇基础、世界最长连续长度钢箱梁、世界最大位移量伸缩装置等6个世界第一，还有拥有另外6项"世界首创设计"，是一项世界级超级工程。

图6-17 张靖皋长江大桥

6.3 相关思考

"十四五"期间，我们在特大型桥梁建设上必将取得更加辉煌的成就，为此笔者提出如下思考。

一是应树立系统和科学的观点，正确审视我国桥梁的安全性、创新性和耐久性问题，实施桥梁结构的全寿命设计。以信息化为引领，进一步加强大桥的健康监测，规范养护维修工作；以桥梁全寿命期内的综合费用评价桥梁的经济效益和社会效益。应在桥梁的设计中充分体现6个特性，即可检、可控、可换、可修、可强及可持续性，以达到在桥梁使用过程中对其构件可检查、可控制、可维修加固。

二是桥梁设计是工程建设的灵魂，施工则是建桥的关键环节。精心设计、精心施工是建设精品桥梁工程的必备条件。当前我国不少桥梁工程存在着设计施工周期短、低标价中标等问题；周期短、工程建设费用低，竞争和创新激励机制不强，设计片面追求单项技术指标的突破，对相关技术的深入研究和优化比较不足，必然影响桥梁工程的水平和寿命。

三是应重视桥梁工程的防灾减灾工作，我国桥梁工程防灾减灾的基础性工作还比较薄弱，需尽快建立桥梁风险评价基础资料的数据库，包括桥梁事故、灾害实例数据库等。应针对不可避免的自然灾害风险（如风暴、潮流及波浪灾害风险，暴雨及内涝、地震及海啸风险，雷击风险等）和意外事故风险（不可抗力），如船舶碰撞等，重视桥梁结构施工技术的创新，不断开展主要施工设备、管理及责任风险等方面的深入研究，并提出相应的对策措施。

四是针对我国桥梁长期性能研究和长大桥梁运营管理的技术需求，需要尽快研发高精度、长寿命、智能化传感器等新材料和新设备，不断提升桥梁关键状态参数和性能指标的长期跟踪监测技术；构建桥梁健康诊断以及性能和抗力衰变监测技术体系与标准，研发基于BIM技术的桥梁管养系统，以推动我国桥梁养护管理技术的发展；进一步完善和发展桥梁技术状况评定、承载能力和减灾防灾能力鉴定方法，构建桥梁安全可靠性评估和使用寿命预测等的理论体系及技术方法，以推动我国特大桥梁服役可靠性的提升和使用寿命的延长。

五是桥梁美学和桥梁景观对建桥所在地的综合影响越来越重要，应从桥梁的方案设计阶段开始，将美学构思包括色彩、照明等融入桥型、桥孔布置、结构造型的设计中。桥型结构力求新颖别致、布局协调紧凑、线条明快，富有个性；树立可持续发展的理念，避免对生态环境的破坏。同时，应避免刻意对已建桥梁工程做表面的美化设计和后期工程。

六是要强化设计与施工的精细化，提高桥梁建设的工程品质；加大桥梁工程在新结构、新材料、新工艺和新装备上的研发与应用力度，为跨江跨海重大工程建设项目的建设提供技术支撑；要提升桥梁养护管理技术和水平，在开展桥梁常规检查、评价、维修与养护工作的同时，尤其要注重特大型桥梁的安全运营与监测，确保重要桥梁的运营状况实时可控。应加强桥型结构和"四新"的研究开发工作，交流、吸纳国内外的先进技术经验。

七是关于桥梁工程的创新问题，要认识到"创新并非只是单纯追求跨径上的突破"。只要坚持技术创新和可持续发展，及时总结经验，正视不足，认真解决以往桥梁建设中存在的问题，加强原始创新和集成创新，我国今后的桥梁建设技术一定会展现更高的水平。在我国工程建设市场激烈竞争的形势下，设计、施工、科研单位要在创新中求发展，通过竞争合作，真正实现自身发展，实现桥梁建设领域共赢。

6.4 结　语

党中央为我们描绘了启航新时代的宏伟蓝图。"十四五"时期，全国各地必将建造更加辉煌、令人瞩目的世界级桥梁工程。我们应认真总结以往的建桥经验和教训，从特大型桥梁作为生命线工程最重要组成部分的高度，充分认识桥梁工程安全性、创新性和耐久性的极端重要性。

我们应加强与国际同行的交流，积极关注国际上该领域的发展趋势，及时了解和搜集国外的最新科研成果，促进国内外的学术交流，推动我国特大型桥梁建设的可持续发展，大力促进我国桥梁工程的技术进步。

老穆说桥之七：城市桥梁前沿研究

7.1 我国既有城市危桥改造的实践与研究

7.1.1 我国既有城市危桥的现状

截至2016年底，我国共有各类桥梁80余万座，其中混凝土结构桥梁占90%以上。我国虽已成为世界桥梁建造的大国，但还不是桥梁建造的强国。随着时间的推移，桥梁的耐久性不足，安全性降低，大量既有桥梁成为危桥。桥梁维修加固与养护管理面临诸多世界性难题，已引起了人们的高度重视。

我国早期建造的桥梁大量使用钢筋混凝土结构，这些桥梁现已运营20—40年，大多混凝土桥梁将步入老化期，这些桥梁处于一种带病、超负荷工作状态。桥梁承载能力低、通行能力差是我国公路路网通行能力低的一个重要影响因素。如何对桥梁实际状态作出评估，准确评定其承载能力，采用科学合理、经济适用的方法进行加固、加宽等技术改造，改善其适应度，提高公路路网通行能力，是我国公路管养部门今后相当长的一段时期内所面临的紧迫任务。急需提出保证桥梁运营安全的对策，开展桥梁检测、评定与维修加固，确保桥梁安全服役，保证路网畅通。

21世纪初期，北京近郊区的800多座桥梁中，有近200座被鉴定为危桥，其中有52座被鉴定为亟待改造的危桥，这些桥梁均处在北京市的交通要道。随着城市汽车数量的急剧增加，特别是大型运输车辆的增多，许多桥梁的破损程度加大，病害大面积暴露，表现为主梁裂缝、墩台破损、单板受力、翼板纵间开裂等，如不及时修复改造，隐患极大。

7.1.2 国内外研究趋势

7.1.2.1 发达国家的研究趋势

当前，世界范围内出现了一个研究桥梁养护、维修、加固的热潮。经济合作与发展组织（OECD）召开了关于道路桥梁维修管理的国际会议，参会专家们就现有桥梁的安全性评价、检查与维修加固等，分享了桥梁检查、桥梁承载能力鉴定和桥梁养护等多项有价值的研究成果。OECD还组织有关国家进一步加强这方面的研究工作。近年来，国际上也多次召开关于旧桥和危桥问题的专题学术会议。

7.1.2.2 我国公路桥梁的研究趋势

中国公路学会发布的《公路学科发展研究报告（2011）》指出，桥梁养护是高速公路养护的重中之重，应建立桥梁安全检查、旧桥加固制度。但是，我国目前围绕桥梁养护的配套制度不完全统一，大部分省份对桥梁的安全检查只停留在外观检查，极少数省份虽然制度相对完善，但是在执行中却困难重重。发现问题不能够及时采取预防性措施也是桥梁坍塌事故不断出现的一个原因。

对桥梁的养护往往是出现了断裂、单板受力等严重情况时，才能按照抢险工程采取措施。缺乏"未雨绸缪"的桥梁养护理念，导致那些高速公路养护管理工作走在全国前列的省份，同样无法确保桥梁养护的及时性。有些桥梁经检测被评为"三类桥"后，往往因为立项、资金等问题带病作业，延迟两三年后才能进行加固施工，安全风险极大。

7.1.2.3 我国既有城市危桥的研究趋势

近年来，国内城市桥梁领域在城市既有危桥改造方面，开展了一系列富有成效的研究，其最新技术研究成果有4项：一是对桥梁状况与使用功能评价，二是耐久性状况与承载能力评定，三是维修和加固研究，四是试验检测技术及其关键设备的研究。

对既有桥梁的检测工作，包括接受委托、收集资料、现场勘察以及编制桥梁检测方案等4项内容，根据外业采集的数据，进行统计分析和计算，并由表及里、由浅入深地进行检测，全面了解和判断桥梁的实际工作状况，为桥梁的日常养护和加固维修提供科学依据。

（1）桥梁外观病害检查。依据交通运输部《公路养护技术标准》（JTG 5110—2023）对桥梁进行外观病害检查打分，其目的是对桥梁结构的外观损坏状况有一个初步和基本的了解，并根据桥梁损坏状况打分、评定类别，为下一步桥梁结构材料检测提供依据。桥梁外观检查共有17项，检查方法主要是现场人工检测，根据损坏状况打分。检查重点是桥梁主要承重构件的裂缝和破损情况。

（2）既有危桥的加固和改造。国内危桥加固技术研究有了长足的发展：一是对各种危桥状况进行了深入的分析和研究；二是明确了危桥加固方法的选用原则；三是针对国内桥梁加固与维修现状，着重对体外预应力桥梁加固、粘贴碳纤维加固法等主要桥梁加固方法及其关键技术进行探讨和研究；四是研究运用最新的科技成果和"四新技术"，研究和解决桥梁维修加固施工如何避免在城市交通高峰时段阻断道路，减少施工对交通的影响等。

（3）缆索研究成果。悬索桥和斜拉桥的主缆在适当的防腐工艺处理及维护下，在运营期内可以满足使用要求。然而，国内许多桥梁的运营实践表明：在恶劣的自然环境下，运营数十年后，桥梁主缆的实际状况会变得很差，尤其是早期修建的悬索桥或斜拉桥。目前，悬索桥主缆的加固方法有更换主缆、新增主缆和新增斜拉索等。其中，主缆更换存在的最大问题是主缆是永久性锚固在锚碇里面的，不像斜拉桥的斜拉索在失效后可以很方便地进行更换。

7.1.3 我国城市危桥改造的工程实践

7.1.3.1 北京西直门北立交桥改造工程

北京西直门北立交桥内环主路桥位于二环路西北角，上部结构为现浇钢筋混凝土简支斜板。西直门新桥是在1980年修建的三层环形立交基础上改建而成的，故原西直门北立交的桥梁仍在使用。西直门新桥通车后的第二年（2001年），该桥梁结构就被北京市确定为危桥（桥下进行了加固）。西直门北立交内环主路危桥改造方案是：拆除与重建同时进行。为便于施工，专业封路队伍在交管部门协助下封闭了二环路内环主路施工区域。

图 7-1　北京西直门北立交桥改造实景照片

2006年9月改造工程启动。旧桥梁板厚53cm，约300m²，施工时先使用8台切割机对待拆除部分梁体两侧进行切割，每隔1.5m切割切口，共8道切口。然后利用两台液压锤，分别将旧桥两个锐角部分和西北角破碎拆除。随后，从桥中间开始破拆，南北侧各保留2m左右，以便拆除时逐渐减少被拆除梁的自重。最后，将残板拆除，以确保桥台结构不受损伤。剩下的东西向4道残梁，两端为桥台支撑，从两端同时向中间拆除，在拆除至桥台边缘时，残梁在自重作用下坠至桥下。落入桥下的残梁由液压锤进行二次破碎。拆除中随时用加长臂液压剪将拆除后的钢筋剪断，并采用人工气焊切断清理出场。待旧梁板拆除后，20余辆运土车把桥下渣土运出。由于组织科学，拆除过程只用 12h。施工时，采取了在危病桥附近设置警告标志和限载、限速标志，危病桥桥面限制大车通行，利用桥下支撑、桥面钢板防护进行加固等临时措施，并制定了北京市桥梁突发事故应急预案。

西直门北立交桥危桥改造工程最为关键的环节是新梁平移，在实施过程中，此项工程比原计划提前了 4h。按照"拆桥、平移、落梁、铺沥青、施划交通标志标线"的施工程序，经过 56h 的施工，西直门北立交桥危桥终于改造完成，西直门新桥顺利通车放行。该桥改造工程受到全市人民的高度关注，并进行了全程的电视直播，它的成功改造赢得了社会各界的广泛好评，也为我国在特大城市繁华地段进行危桥改造提供了借鉴。

7.1.3.2 北京三元桥改造工程

北京三元桥坐落于三环路东北角，是北三环路与首都机场高速公路及京密路 3 条道路的立体交叉，为非机动车道和机动车道混行的苜蓿叶形互通式立交，整座立交总占地面积达 26 万 m^2。

三元桥于 1984 年建成通车，由于日益增长的交通需求，2003 年三元桥（跨机场路桥）桥面交通组织变更，桥面宽度仍为 44.8m，将两侧人行步道变窄，拆除快车道与慢车道间的 1.5m 分隔带，将原机动车道、非机动车道拆除，原机动车道、非机动车道合为一体，以达到道路拓宽的目的。又因交通流量大幅增长，为缓解交通拥堵，2003 年调整为 5 上 5 下 10 条车道通行。由于长期超负荷运行及外部环境影响，主梁及桥面板损坏严重。近年来对桥面板进行了多次维修，但无法解决桥梁承载力不足的问题。2014 年检测结果表明，桥梁承载力明显下降。同年 10 月，对该桥梁进行了中墩支护，以保障运行安全。

2015 年 12 月，北京三元桥正式实施改造。为确保桥梁设施运行安全，根据桥梁损坏情况，最终确定大修方案：上部结构更换钢箱梁，下部结构采用钢板加固 V 形墩，彻底消除桥梁各种病害，全面提升桥梁承载能力，同时解决超负荷运行状况，使抗震等级达到现行规范要求，适应新的 5 上 5 下道路通行需求。

该桥的改造工程主要内容包括：拆旧梁、架新梁、桥面沥青层铺装、伸缩缝等附属设施安装，同时桥下拆解运弃旧梁及新旧梁临时支墩等。为落实公交优先发展战略，施工部门利用三元桥的匝道修建临时导行环岛，途经三环路和京密路的公交车辆可借用环岛通过三元桥。

此次大修工程的最大特点是采用"千吨级驮运架一体机"拆旧梁、架新梁。重达 1600t 的旧梁中跨由驮梁车分两幅依次移走，1300 余 t 的新梁被整体驮运精确就位,这是国内首次在大城市重要交通节点采用该工法。

拼接完成的新梁长55.4m、宽44.8m,主桥由9片钢箱梁组成。为保证桥梁精准定位,现场采用GPS、北斗双重定位系统进行粗定位,然后采用激光循迹进行精定位。三元桥大修这场"换梁手术"仅用14h就完成了新梁体的安装。

三元桥改造工程创造了我国大吨位整体换梁新技术范例,创造了新的北京建桥速度,也大大减少了施工对城市交通的影响。对于此次三元桥改造工程的速度,外国网友纷纷留言直呼"震惊"。

图7-2 北京三元桥改造实景照片

7.1.3.3 天津解放桥改造工程

天津解放桥是一座中外闻名的桥梁,这座桥梁最初建于1902年,于1923年重建,1927年正式建成。因与9国租借毗邻,故被叫作"万国桥",即国际桥之意。

2005年解放桥改造开始,在改造的过程中使用千斤顶托起整个桥身。虽然在以往海河改造过程中,工程技术人员曾成功抬升了狮子林桥和北安桥,但抬升一座钢桥尚属首次,且难度更大。因为桥梁本身的主要杆件相互支撑受力,如外力不均,结构极容易发生变形,加之岁月侵蚀,解放桥的改造工程难度超过了其他的桥梁。

图7-3 天津解放桥改造实景照片

改造后的解放桥在原来的基础上抬升20cm,桥下净空增加60cm。通过对电路、传动等开启系统的全面整修,恢复了原有的可开启功能,同时对整个桥的钢梁进行了维修和加固,并重新油饰。对锈蚀严重的零部件进行了1:1的复制和更换。改造过程中,为了尽可能保持这座古桥的"原汁原味",更换的零件多是保证解放桥开启旋转的主要零部件,而对其他部分则采取现场修复,对结构杆件进行除锈、防锈涂刷处理等方法。如今,这座100多年的解放桥以崭新的面貌迎接广大游客。人们称赞,天津解放桥的改造是一个十分成功的案例。

7.1.4 相关感悟

（1）我们应充分看到我国城市桥梁建设取得了举世瞩目的成果（如上海长江大桥、港珠澳大桥等一大批世界级桥梁建成），同时应居安思危，查找自己的不足。我们在既有城市桥梁的运营维护方面还有大量的工作需要做，还要清醒地看到我们在桥梁建设的核心技术、桥型与结构体系、材料性能和装备水平、桥梁监测与评估技术、标准规范等方面与世界先进国家还存在差距。

（2）桥梁设计是工程建设的灵魂，而施工则是建桥的关键环节。精心设计、精心施工是建设精品桥梁工程的必备条件。当前我国不少桥梁工程存在着设计施工周期短、低标价中标、多次转包等问题，必然影响既有桥梁工程的水平和寿命。

（3）随着祖国现代化建设的大力推进，各地将建造更加辉煌、令人瞩目的世界级桥梁工程。我们应认真总结以往建桥的经验和教训，充分认识既有城市桥梁工程安全性、创新性和耐久性的极端重要性。

（4）应树立系统和科学的观点，实施桥梁结构的全寿命设计。以信息化为引领，进一步加强大桥的健康监测，规范养护维修工作；以桥梁全寿命期内的综合费用评价桥梁的经济性和社会效益。应在桥梁的设计中充分体现6个特性，即可检、可控、可换、可修、可强和可持续性，使既有城市桥梁在使用过程中达到构件可检查、可控制、可维修加固的目标。

（5）关于桥梁工程的创新问题，认识到"创新并非只是单纯追求跨径上的突破"。要坚持技术创新和可持续发展，总结经验，正视不足，认真解决既有城市桥梁建设中存在的问题。设计、施工、科研单位要在创新中求发展，通过原始创新和集成创新，通过竞争合作，真正实现自身发展，实现桥梁建设领域的共赢。

（6）我们要继续加强与国际同行的交流，积极关注国际上该领域的发展趋势，及时了解和搜集国外在既有城市桥梁领域的最新科研成果，促进国内外的学术交流，大力促进我国城市桥梁防灾减灾方面的技术进步，推动我国城市桥梁建设的可持续发展，大力促进我国桥梁工程的技术进步。

7.1.5 既有城市桥梁危桥研究的对策建议

国务院于2013年发布《关于加强城市基础设施建设的意见》，明确提出要加强城市桥梁安全检测和加固改造，限期整改安全隐患。加快推进城市桥梁信息系统建设，严格落实桥梁安全管理制度，保障城市路桥的运行安全。各城市应尽快完成城市桥梁的安全检测并及时公布检测结果，完成对全国城市危桥的加固改造，地级以上城市建成桥梁信息管理系统。

7.1.5.1　相关对策

（1）随着我国经济的不断发展，人们越来越重视城市桥梁的结构退化、养护管理问题。我们应以城市桥梁管理系统为研究对象，对城市桥梁管理系统的开发与应用中的关键问题进行分析，特别需要重视目前比较薄弱的全过程分析方面存在的问题。

（2）我国需要建立一个完备的城市桥梁管理系统的体系框架，认真分析研究开发过程中的关键问题，建立或完善各地城市桥梁管理数据库，真正实现数字化、网络化、智能化管理。

（3）需要建立一整套桥梁技术状况检测评估体系，包括桥梁检测与监测数据采集、缺损状态等级评估、承载能力评估、功能适应性评价。

（4）需要建立桥梁结构退化预测体系，其中包括回归分析、灰色系统预测、马尔可夫及半马尔可夫概率模型等模型方法。

（5）需要建立一套以桥梁检测评估为基础的多层次维修对策方法，其核心是建立桥梁评估－维修决策树模型。

（6）在建设智能城市过程中，我们应认真查找与发达国家在城市桥梁领域信息化管理方面的差距，适应世界科技发展的最新趋势。

7.1.5.2　相关建议

（1）应充分认识城市桥梁作为生命线工程，在确保城市运营和安全方面的重要意义。针对近年来我国极端性天气事件增多、地震灾害经常出现、人为灾害时有发生等情况，必须将此项工作列为一项长期、艰巨的任务来抓。

（2）近年来我国城市桥梁建设发展十分迅猛，但由于建设周期短，既缺乏深入的研究，又没有成熟的防灾减灾设计规范，当遭到严重灾害袭击时很难保证能从容应对。

（3）国内相关的高等院校、科研机构应和从事城市桥梁建设的设计、施工、监理和建设方密切结合，编制既有桥梁改造的相关标准和规程。

（4）对已经出现的城市桥梁倒塌事故和案例，应本着科学、客观、公正的态度，将最终的结论公之于众，并组织召开专题研讨会，使更多的人从国内外发生的桥梁倒塌事故案例中汲取经验和教训，防微杜渐，通过共同努力，把我国城市桥梁的风险损失降至最低。

（5）在建设智慧城市过程中，国家和各省（区、市）应在人力和资金上给予既有城市桥梁专题研究充分的投入，积极推进我国城市桥梁风险评估领域的发展。通过科学的分析研究，坚决制止船舶撞击城市桥梁等现象。

（6）要加强与国际同行的交流，积极关注国际上该领域的发展趋势，开展国内外的学术交流活动，及时了解和搜集相关领域的最新科研成果。

7.2 基于性能的城市桥梁抗震设计

7.2.1 引 言

"基于性能"一词源于英文 Performance - based。基于性能的抗震设计（PBSD）理论是 20 世纪 90 年代由美国科学家和工程师首先提出的，并最早应用于桥梁抗震设计。这一理论一经提出，即引起极大的反响和关注。人们认为这是未来城市桥梁设计的主要发展方向，可在不同强度水平的地震作用下，有效地控制桥梁结构的破坏状态，使城市桥梁结构实现明确的不同性能水平，从而使桥梁结构在整个生命周期内，在遭受可能发生的地震、车辆超载、船舶撞击等外力作用下，遭到的损失和破坏最小，其总体费用也达到最小。

基于性能的抗震设计理念，是指被设计的建筑物（含城市桥梁）在使用期间满足抗震各种预定功能或性能目标要求的设计理念。这一思想影响了美国、日本和欧洲各国地震工程界，各国同行表现出了极大的兴趣，近些年来展开了多方面的研究。

7.2.2 基于性能的城市桥梁抗震设计研究趋势

7.2.2.1 先进国家的研究趋势

自基于结构性能的抗震设计理论提出以来，美国、日本和新西兰等国家建立了以结构功能评价为理论基础的结构设计体系。美国加利福尼亚结构工程师学会在 1992 年成立了"放眼 21 世纪委员会"。该委员会的目的是建立新的结构性能设计体系框架，其研究工作得到美国自然科学基金会和加州政府的有力资助。美国联邦紧急措施署（FEMA）和美国国家科学基金会（NSF）还资助开展了一项为期 6 年的行动计划，对抗震设计进行了多方面的基础性能研究。日本也在多方资助下于 1995 年开始了为期 3 年的"新建筑结构体系开发"研究项目，成立了有国内著名学者参加的新建筑构造体系综合委员会，下设性能评价、目标水准和社会机构3个分委员会。

基于性能的抗震设计是世界各国工程结构抗震设计规范的主要发展方向，相关研究成为当前国际地震工程领域的一个热点。主要研究方向是：研究基于性能的抗震设计理论框架，然后从地震设防水准、结构性能水平、基于性能的抗震设计方法等方面，对国外桥梁结构基于性能的抗震设计研究现状进行总结，并探讨将基于性能的抗震设计建立在可靠度理论基础上的研究热点、基于性能的抗震设计理论体系应用于实践需要解决的一些关键问题。

国外研究人员提出，当今基于性能抗震设计发展的新趋势，即其所追求的目标，是在一定的条件下，投入在抗震上的费用最少，即追求结构在服役期内的最佳经济效益 - 成本比。这里的"费用"是指增加抗震能力的投资和地震破坏造成的损失，包括人员伤亡、运营中断、重复修建等；"一定的条件"则是指结构的性态目标。

7.2.2.2 国内研究的新趋势

近些年来，围绕基于性能的城市桥梁抗震设计，国内许多专家、学者积极探讨不同类型荷载作用下对桥梁结构基本性能的要求，提出桥梁结构性能设计的基本概念与设计方法，并综合考虑桥梁作用荷载的统计性质、结构构件和材料的工作性能、维修加固和重建的难易程度、结构的重要性等，通过控制桥梁结构的可能损伤度和破坏程度来满足桥梁的安全度与使用性能要求。

近年来，我国专家针对汶川地震等灾害引起的巨大经济损失，对过去长期视为正确的设计思想和方法进行了深刻反思。过去认为的抗震设计只以人身安全为目标的理念已远远不够，抗震设计不仅应考虑人身安全，还应考虑结构破坏所造成的巨大经济损失。结构抗震设计应既经济又可靠地保证结构的功能在地震作用下不致丧失甚至不受影响。因此，需要进一步探讨更完善的结构抗震设计思想和方法。

我们已认识到，基于性能的抗震设计实质上是对"多级抗震设防"思想的进一步细化，目的在于在未来的抗震设计中，在不同地震设防水准下，能够有效地控制结构的破坏状态，使结构实现不同性能水平，从而使结构在整个生命周期内，在遭受可能发生的地震作用下，总体费用达到最小。目前，国内外在结构性能抗震设计方面的研究主要集中在结构性能目标、性能水准的确定、抗震性能评估方法的研究上，因此提出的设防性能目标是按地震作用水准和建筑性能水准来确定抗震性能目标。

国内相关科研机构在以下四个方面取得了突破性的进展：

一是三级结构性能水准：生命安全水准、结构损伤水准、确保使用功能水准。生命安全水准要求在地震作用下不产生楼层倒塌，结构损伤水准要求保证不发生危及结构安全的损伤，确保使用功能水准要求结构不产生影响建筑功能的变形等。

二是三级抗震设防水准：对应三级结构性能水准提出的最高设防水准，在建筑寿命期间遭遇一次地震危险的水准和可能遭受多次地震危险的水准。

三是结构计算分析方法：对应三级结构性能水准和抗震设防水准提出的结构计算分析方法和极限状态，弹性解析法及使用极限状态，弹塑解析法及破坏极限状态，等效线性化反应谱解析法及保证结构使用功能的变形限值等。

四是结构安全性：根据上面确定的特性参数，估计结构的临界变形、屈服点，确定设备正常使用的地震反应限值，可以采用极限变形或能量作为评估安全性的基准。

7.2.2.3 基于性能的抗震设计方法

主要包括三个方面：

（1）承载能力抗震设计方法

这是我国规范现阶段采用的设计方法。应对常遇地震，利用反应谱计算底部剪力，然后按一定规则分配至结构全高并与其他荷载组合，进行结构的强度设计，使结构各部分都具有足够的承载能力，然后再进行变形验算。承载能力设计方法的优点是易于使用、性能概念清楚、细部设计可靠，通过非线性静力分析验算，进一步增强了对结构非线性反应的控制，可以更好地达到预期性能目标；缺点是该方法基于弹性反应，对于非弹性反应仅用与结构类型有关的系数加以折减，表面上能控制整个性能目标，实际上却只是保证了一种性能目标。

（2）基于位移的抗震设计方法

该方法采用结构位移作为结构性能指标，与传统设计方法相比，基于位移的抗震设计方法从根本上改变了设计过程。主要的不同是，该方法用位移作为整个抗震设计过程的起点，假定位移或层间位移是结构抗震性能的控制因素。设计时用位移控制，通过设计位移谱得出在此位移时的结构有效周期，求出此时结构的基底剪力，进行结构分析，并且进行具体配筋设计。设计后用应力验算，不足的时候用增大刚度而不是强度的方法来改进，以位移目标为基准来配置结构构件。

该法考虑了位移在抗震性能中的重要地位，可以在设计初始就明确设计的结构性能水平，并且使设计的结构性能正好达到目标性能水平，是性能设计理论中很有前途的一种方法。但应用于多自由度体系、多种结构类型等时，还需要进一步研究。

（3）能量法

假设结构破坏的原因是地震输入的总能量，地震对结构物及其内部设施的破坏是由其输入的能量与结构物所消耗的能量共同决定的。能量设计法的优点在于能够直接估计结构的潜在破坏程度，对结构的滞回特性以及结构的非线性要求概念清楚。另外，耗能元件的设置可以更好地控制损失。缺点在于应用方法不够简化，不确定因素较多。

图 7-4 广东南沙大桥

图 7-4 为我国新建的广东南沙大桥，在该大桥工程设计中，成功地引入性能设计理念和相关技术措施，取得了令世人瞩目的成果。这座大桥采用非线性时程分析方法，考虑多点激励地震输入，研究了多点激励行波效应对超大跨径多塔斜拉桥的地震响应影响，比较了不同地震视波速和地震动频谱特性对桥梁结构地震响应的影响规律。结果表明，对于超大跨径的多塔斜拉桥，多点激励行波效应对其地震响应有显著影响，行波效应对超大跨径多塔斜拉桥地震响应的影响受地震动频谱特性的影响较大，对超大跨径多塔斜拉桥的抗震设计仅考虑一致激励输入是不合理的。

7.2.3 基于性能的城市桥梁与预防桥梁超载倒塌

7.2.3.1 关于预防桥梁倒塌

国外专家认为："规范的超载系数，绝不可能达到足以防备设计可能造成的大错误，但是许许多多的中小错误都可以用规范的超载系数来防备"，"规范是分析、设计和偏于安全的思路的结合"。目前，城市桥梁结构的安全性与耐久性是一对孪生兄弟，近些年面临的情况是：桥梁结构安全问题虽已受到重视，但各种事故却时有发生；耐久性常被忽略，却潜伏着不安全的隐患，直接影响着桥梁结构的使用寿命和年限，应慎重研究，统筹考虑。国内外的研究和实践都表明，结构耐久性对桥梁的安全运营和经济性起着决定性作用。要尽量减少桥梁使用期间的事故，不断提升对桥梁工程耐久性的重视程度，需从工程建设的指导思想、制度、技术、养护、运营管理等方面全方位提高桥梁的工程耐久性。桥梁超载是一个复杂且庞大的系统工程，应从超载车辆控制、超载货物控制、桥梁设计、桥梁养护、运输政策、不可解体大件货物运输等入手，有效进行桥梁超载控制。因此，必须坚决制止车辆严重超载，以免造成城市桥梁倒塌的悲剧。

7.2.3.2 关于延性设计和增强桥梁安全储备

近年来，工程设计领域的专家和学者提出应在严格控制车辆超载的前提下，基于性能设计的理念，引入延性设计的思想，为深化设计开辟了新的思路。应采取技术和管理的防范措施，深入研究桥梁结构的延性设计，增强桥梁结构自身抗倒塌能力，并借鉴建筑和桥梁结构抗震设计原则所明确的"达到小震不坏、中震可修，大震不倒"的要求，尽量减少桥梁坍塌，确保人民群众生命安全。

北京、上海和深圳等城市已对独柱支承桥梁预防倒塌进行了深入的研究，并提出了相关技术和管理的防范措施，也增强了桥梁安全储备，取得了良好的效果。为防止车辆严重超载等原因造成的城市桥梁垮塌，应树立提高桥梁延性设计的理念，即提高桥梁结构的变形能力，增强其结构的延性，提高桥梁结构的耗能能力，使其在弯曲破坏时可有效地通过变形来吸收和耗散能量，从而实现桥梁结构的安全性和耐久性。

7.2.4 相关思考和建议

7.2.4.1 相关思考

（1）基于性能的城市桥梁抗震理念和方法是世界桥梁抗震技术发展的大趋势，我们应积极推进城市桥梁性能和抗震设计基准的国际化工作，与世界上先进的抗震设计基准相呼应、相协调，不断加快国际化步伐。

（2）基于性能的设计方法，不但可以改善现行抗震设计方法中存在的问题，而且还可以根据投资-效益理论使安全、经济和社会等多方因素达到一个较好的平衡。同时也应看到，我国基于性能的抗震设计还处于起步阶段，应树立长远眼光，预见基于性能的设计方法对未来桥梁建设和防灾减灾的重要作用。

（3）应充分认识到，现代桥梁工程中隔震、减震、消能控震等措施，系基于性能设计思想的核心内容，都是"以柔克刚"抗震的科学办法，亦是未来的发展潮流。

（4）在城市桥梁建设施工组织方面，应树立先进的性能设计和抗震设防新理念，大力推进施工机械化和设备大型化，城市桥梁构件的设计尽可能简单化和预制化，以便加快施工进度，有效实施工程质量控制；同时，应重视施工组织设计，特别是施工计划安排及进度控制，施工工序多采用流水作业，以提高工作效率、保证施工进度和质量。

（5）我国许多地区处于地震多发区，对已经修建的桥梁，应根据性能设计思想对其进行结构及抗震性能评价，并结合评价结果考虑相应的加固措施。应定期对桥梁支座、伸缩缝等连接构件进行维护，并可将挡块、连梁装置等安装于伸缩缝等上部接缝处。

（6）应本着科学、客观、公正的态度，汲取经验和教训，防微杜渐，积极开展城市性能设计及桥梁减震隔震技术的科学研究，通过共同努力，使我国城市桥梁的风险损失降至最低。

7.2.4.2 相关建议

（1）应根据世界桥梁的发展新趋势，总结桥梁设计、施工和运营中反映出来的问题，树立性能设计的先进理念，及时对现行标准、规范进行维护和修订，真正使我国的城市桥梁规范不断丰富、不断完善，以满足桥梁工程建设的需求。

（2）应进一步开展基于性能的城市桥梁抗震设计的专题研究，引入新的创新理念和运作机制，积极开展城市桥梁抗震设计的创新工作，努力提高桥梁工程建设的质量；提高桥梁结构的延性，开展桥梁结构的耗能设计，确保桥梁结构的受力更均匀、性能更稳定，避免或减轻自然灾害特别是地震灾害对桥梁结构的破坏，以实现城市桥梁的安全、耐久和美观。

（3）应适时修改和完善相关桥梁抗震规范，充分认识抗震设防的基本理念：按多遇地震进行抗震设计，按罕遇地震对桥梁进行多水准设防，并按地震动峰值加速度和地震动反应谱特征周期进行抗震验算，按抗震设防烈度要求采取相应的抗震措施。抗震设防的目标应是"小震不坏、中震可修、大震不倒"。

（4）应认真总结近期国内外特大地震所带来的灾难性破坏，开展城市桥梁性能设计的专题研究，突出重点，力求取得实效；运用全寿命周期效益分析方法，力争使每座城市桥梁都能做到功能适用性、环境协调性和结构安全性高度统一。

（5）应加强国内外的学术交流，特别是与国际同行的交流，积极关注国际上城市桥梁性能设计和桥梁抗震领域的发展趋势。相关科研院所应及时了解和搜集国外的最新科研成果，开展国内外的学术交流活动，大力促进我国城市桥梁建设和设计领域的技术进步，推动我国城市桥梁建设的可持续发展，朝着打造世界桥梁强国的目标迈进。

7.3 城市桥梁美学与景观设计

7.3.1 国内外的研究成果及发展趋势

当前,国内外学者在桥梁美学和景观设计方面的最新研究成果及发展趋势如下。

7.3.1.1 德国学者的研究成果

德国桥梁结构工程专家、钢筋混凝土专家莱昂哈特教授曾指出:"美可以在变化和相似之间、复杂和有序之间展示,从而得到加强。"正如贝多芬的音乐一样,简短的主题不断展开和变奏,既相似又不同,但却十分和谐;既复杂变化,又有序统一,在不雷同和不杂乱之间展现出丰富的层次和内涵,给人以美的享受和心灵的激荡。

7.3.1.2 日本学者的研究成果

日本著名桥梁学者伊藤学教授在他的《桥梁造型》一书中说道:"桥能满足人们到达彼岸的心理希望,同时也是使人印象深刻的标志性建筑,并且常常成为审美的对象和文化遗产。"优美而受人喜爱的桥梁往往是各种文学作品的题材。

7.3.1.3 欧美提出功效、经济和优美的三要素

欧美国家对桥梁设计强调"3E",即功效(Efficiency)、经济(Economy)和优美(Elegance)三要素,这和我国实用、经济、美观的原则是一致的。国外的专家提出,桥梁美学的实践中应重视与建筑师的合作,要强调结构上的美学设计,实现功效、经济和优美三要素的有机结合。

7.3.1.4 国内在桥梁美学和景观设计上的争论

近些年,我国城市桥梁美学和景观设计的研究与应用受到广泛重视,其中有许多值得关注的问题。譬如国内南方某著名园林城市,沿着该城主要河流仿建了一批世界名桥,与当地浓郁的中国园林风景格格不入,从该项目最初筹划到实施完毕,人们一直争论不休。一些大城市也相继修建了不少粗制滥造的景观桥梁,在造型上一味求新求异,亦引发很大的争议,这些都需要认真研究和总结。归纳起来,当前我国在城市桥梁美学和景观设计、建设上存在以下问题:

(1)在城市桥梁美学和景观设计上存在的误区是:认为具有生命力和影响力的桥梁建筑仅仅是桥梁结构工程师的杰作,对从事桥梁景观设计的工作人员未

给予充分的重视。

（2）认为桥梁美学和景观设计仅仅是事后的包装，仅在结构之外增加装饰物，形成"伪桥型"。例如将梁板结构简单地改装成拉索或拱形，并未在桥梁方案设计阶段予以总体上的考虑。

（3）对城市桥梁景观设计的研究与应用仍显不足，缺乏系统的研究，特别是在自主创新上缺乏原动力。

（4）在城市桥梁夜景照明上，更多是考虑交通照明的需求，缺乏建筑艺术的推敲。譬如，有的城市桥梁仅追求将桥体照亮，未根据桥型的特点做系统的照明设计，因而虽然桥体被照得通亮，但最终效果是销蚀了桥梁结构鲜明的空间，未体现夜景照明对桥梁景观的艺术表达和桥梁自身的魅力。

（5）在城市桥梁美学和景观设计的资金安排上，未给予更多的支持；对城市桥梁景观建设在城市环境品质的贡献上，未予以充分的重视，而是更关注桥梁的交通作用。

（6）现行的相关法律法规在城市桥梁美学和景观设计方面还很薄弱。而西方发达国家的桥梁设计在决策过程中，受到环境保护及文化尊重方面相关法规的严格制约，其取得的效果是：自然环境中，桥梁景观与地域景观实现了有机结合；城市文化环境中，桥梁景观与城市和谐、协调地统一起来。

7.3.1.5 景观桥梁设计的三个层次

近年来，国内有的学者将景观桥梁设计分为三个层次：第一，在非景观环境中设计桥梁，做到桥梁形体和谐、结构精练、线条简洁、色彩明快、质感自然。第二，在景观环境中建桥，即桥梁形态与景观特征相融合，使桥梁与环境共同构成景观。第三，桥梁成为与自然景观、人文历史景观融合的产物，构成一种意境，反映深层次的感观。

近年来我国桥梁建设取得了长足的进步，但是，我们的工程设计对桥梁美学的重视程度不够，缺少建筑师的参与及多方案的比较。譬如，许多靠缆索承重的桥梁，其桥塔缺少美学处理，给人以笨拙、呆板和粗糙的感觉。与国外相比，我们的决策层和工程界一些人士的艺术素养和审美情趣不高，在桥梁建设方面留下了不少遗憾。

7.3.2 桥梁美学和景观设计的案例分析

7.3.2.1 梁式桥

图7-5为1988年建成的北京东便门立交独柱支承弯梁桥。梁式桥的特点是水平方向单维突出，具有很强的沿水平方向左右伸展的力动感与穿越感。主梁要求纤细轻巧、连续流畅，主梁顶面尽量与底面平衡。桥墩在考虑荷载等因素的前提下应尽可能数量少、形态统一。城市高架桥要避免墩高、量多，注意梁底处理，使桥下空间更加明亮。桥台应充分体现其功能及存在感，与上部结构相协调，与地基相结合，适当增大梁下空间。

图7-5 北京东便门立交独柱支承弯梁桥

7.3.2.2 拱式桥

图7-6为北京八达岭高速公路山羊洼桥，其结构为上承式钢管混凝土拱桥。图7-7为2003年建成的上海卢浦大桥，大桥桥身呈优美的弧形，如长虹卧波，飞架在黄浦江之上。卢浦大桥在设计上融入了斜拉桥、拱桥和悬索桥三种不同类型桥梁设计工艺，是目前世界上单座桥梁建造中施工工艺最复杂、用钢量最多的大桥。

拱式桥在竖向荷载的作用下，支座处除产生竖向反力外，还产生水平反力；由于这个水平反力的存在，拱内各截面主要受压，而弯矩和剪力较小。因此拱桥可以采用抗压强度大而抗拉强度低的材料来修建。两拱桥的主要优点为：一是跨越能力较大；二是可以就地取材，节省钢材和水泥；三是坚固耐久，养护维修费用少，而承载潜力大；四是外形美观，构造简单，有利于普及。

老穆说桥之七：城市桥梁前沿研究

图 7-6　北京八达岭高速公路山羊洼桥

图 7-7　上海卢浦大桥

拱式桥在主拱形态的选择上，小跨径拱桥多采用圆弧拱，外观动感强烈；大中跨径拱桥普遍采用抛物线拱和悬链线拱，外观趋向自然和谐。注意协调主拱与桥面的相对位置，以及梁和拱相交处的处理，要求力线明确，尽可能轻盈。桥台

153

尽可能减轻体量感，或采取使其隐蔽的方式，避免与轻盈的拱线不协调；桥墩注意与桥台、拱相协调，结合处简洁流畅。

7.3.2.3 刚构桥

图 7-8 为 1988 年建成的广东洛溪大桥。大桥位于广州市海珠区与番禺区之间的珠江沥滘航道上，全长 1916m，宽 15.5m。主桥长 480m，双向四车道，该桥在建成时是亚洲同类桥梁之冠，排名为全球第六位，有"洛溪飞虹"的美誉，在桥梁美学和景观设计上有很多值得借鉴的地方。

图 7-8 广东洛溪大桥

刚构桥主要由直线形态构成，力线明确，富于动感与轻快感，美学设计要点在于比例尺度，构件断面的变化及构件搭配协调得当。从底脚到梁，断面由小到大，与梁衔接处应柔顺，梁底缘线可采用微弯曲线增加柔顺感。其他形态如门式刚构、T 形刚构和连续刚构等，注意比例恰当、墩形新颖，避免过分简洁造成呆板单调。

7.3.2.4 悬索桥

图 7-9 为金门大桥，它是世界著名大桥之一，被誉为 20 世纪桥梁工程的一项奇迹，也被认为是旧金山的象征。大桥桥体凭借桥两侧两根钢缆所产生的巨大拉力高悬在半空之中。钢塔之间的大桥跨度达 1280m，为世界罕见的单孔长跨距大吊桥之一。从海面到桥中心部的高度约 60m，又宽又高，所以即使涨潮时，大型船只也能畅通无阻。

悬索桥是目前能达到最大跨径的桥型，具有很强的跨越感，一座具有震撼力的悬索桥应具有刚柔并济、宏伟壮观的气势和广泛的社会影响力；主要结构要素间应均衡和谐，包括其垂跨比、加劲梁、桥塔、主缆的形状尺度及跨径分割与吊桥的力学性能等，都应在保证力学结构的前提下相协调。

老穆说桥之七：城市桥梁前沿研究 |

图 7-9　美国金门大桥照片

7.3.2.5　斜拉桥

图 7-10 为上海杨浦大桥，它是我国自行设计、建造的上海第一座跨越黄浦江的双塔双索面迭合梁斜拉桥。该大桥于 1993 年 9 月 15 日建成，并于同年 10 月 23 日通车。总长 7658m，主桥长 1172m、宽 30.35m，共设 6 个车道。602m 长的主跨犹如一道横跨黄浦江的彩虹，建成时在世界同类型斜拉桥中雄居第一。

图 7-10　上海杨浦大桥

图 7-11 为北京清河曲线斜拉桥，之所以采取如此的创意设计，一是按规划通航的要求，在河中不能设桥墩，所以采用大跨度斜拉桥，一次跨过清河；二是从景观角度考虑，采用这种现代斜拉桥桥型，景观也是很优美、和谐的，能给人舒适的感觉；三是为了躲开原来已经修建好的公路跨河桥——立水桥，不影响交通现状，最终设计为曲线斜拉桥。

155

图 7-11　北京清河曲线斜拉桥

斜拉桥的设计要点在于整体比例与尺度和谐、塔的形状、索的疏密及配置方式、梁的纤细等。整体均衡稳定须考虑跨径分割比和梁高与中跨、塔高与中跨之比，力求简洁连续。主梁要尽可能简洁，通常采用水平直线，或采用纵向竖曲线，以避免大跨径梁的下垂感，主塔要求使桥面空间流畅，无压抑感，外观简洁，视野良好。塔柱断面直角处宜改为圆弧面，使塔在无光影效果下更显柔和，也利于抗风稳定。拉索的配置力求与主塔、梁一起形成简洁、稳定的几何构图，尽量隐藏拉索锚具，或通过涂装进行掩遮和美化，减少外露的繁杂感。斜拉桥作为一种拉索体系，比梁式桥的跨越能力更大，是大跨度桥梁的最主要桥型。斜拉桥由索塔、主梁、斜拉索组成，由许多直接连接到塔上的钢缆吊起桥面。索塔形式有 A 形、倒 Y 形、H 形、独柱，材料有钢和混凝土。斜拉索布置有单索面、平行双索面、斜索面等。

7.3.2.6　城市立交桥梁的景观设计

鞍山五一路立交桥于 2001 年 3 月 15 日开工建设，是新中国成立后鞍山市最大的城市基础设施工程，总投资 3.5 亿元，是一座二层兼有三层全互通式立交桥。全桥由东西、南北方向主桥和 8 座定向匝道桥等 12 座桥组成，总长 3758m，建筑面积 5.2 万 m²。当时，五一路立交桥在全国同类桥梁结构中，具有跨度最大（97.2m）、单体钢构件最重（230t）、单体钢构件最长（39m）三个全国之最。另外，设计人员还在这座桥上大胆采用了体外索，使它更加名副其实地跻身全国同类结构桥的先进行列，成为全国特大城市桥梁之一。

图 7-12　鞍山五一路立交桥

城市立交桥梁（包括高架桥梁）如何为所在城市增添美色，与城市的环境相协调，一直是人们关注和争论的问题。随着我国道路建设的发展，为满足交通需要，许多大中城市的交通要道和高速公路上兴建了一大批立交桥，用空间分隔的方法消除道路平面交叉车流的冲突，使两条交叉道路的直行车辆畅行无阻。城市环线和高速公路网的联结也通过大型互通式立交进行分流和引导，保证交通的畅通。

如今城市立交桥已成为现代化城市的重要标志，桥梁结构一般采用预应力混凝土连续箱梁桥。近年来，在城市立交桥设计中愈来愈多地采用钢箱梁结构和钢混组合箱梁结构。与预应力混凝土箱梁相比，这两种结构跨越能力更大，梁高较小，施工期间对桥下交通的影响很小。这种桥梁因受既有建筑物限制和线路要求，建设了许多弯桥和坡桥。城市高架线路桥的上部结构，一般多采用简支梁或连续梁（或刚架）。在采用简支梁时，为保证桥面行车平顺，常做成桥面连续的简支梁。如连续梁和墩顶刚接，便成为连续刚架桥，有时也采用脊骨式的结构，特别是在曲线桥中，较为美观、实用、经济，很受欢迎。这也是在城市桥梁美学上的有益探索。

7.3.2.7 景观桥梁的设计

图 7-13、图 7-14 和图 7-15 分别为北京昌平南环大桥、天津海河上的景观桥——天津之眼和保定巨力大桥，这些桥梁已成为当地的地标式建筑。近些年来，我国的许多城市建造了一批城市景观桥梁。为了使桥梁景观设计与技术、功能、生态、经济、文化等相和谐，桥梁景观设计的相关规范和规程也相继出台，提出应遵守一些共同的原则，譬如桥梁景观设计理论、美学设计理论和总体设计理论。

在城市桥梁景观设计上，不少人提出桥梁材质主要以混凝土、钢材为主，部分构件可采用铝合金、玻璃钢或其他合成材料。桥梁随材料及其断面组成和拼装方法不同，将会出现雄健强劲或纤柔轻巧的不同形态。应根据需要淡化或突出材质感。另外，需考虑架桥地域的风土人情及气候等对色彩的影响，如寒冷的北方宜用暖色、炎热的南方宜用冷色等，以材质与色彩、景观 CI 设计理论作为切入点，诠释桥梁景观设计理论。在桥梁设计过程中应考虑本体与环境、个

图 7-13 北京昌平南环大桥

图 7-14 天津海河上的景观桥——天津之眼

体与群体、功能与造型、色彩质感等特点。而新奇的创意、对历史传统的保护、对当地文化特色的弘扬也是不可或缺的重要因素。在桥梁色彩设计中，既要考虑周围环境，又要注意桥梁本身的规模、形态，保证自身构件配色的统一和谐，其配色还应注意安全色调的应用。

图7-15 保定巨力大桥（景观斜拉桥）

7.3.2.8 城市桥头建筑设计

图7-16为巴黎新桥，桥头竖立着以法国国王亨利四世为原型的雕像，不仅因为新桥是其在执政时修建的，更因为新桥与他所倡导的共和政体的自由、平等、博爱的精神相吻合。在塞纳河上，各种桥梁的建造风格均反映了法兰西文化，用材各异，它们或者古典、华丽、凝重，或者现代、简约、轻灵。无论是丽日、星光下在桥上漫步，还是冒着雨雪风霜在桥下穿行，都能感受其所反映的无与伦比的巴黎风格——古典、优雅与时尚、浪漫。塞纳河上的桥梁既洋溢着自由自在和从容不迫，又兼具海纳百川与包容并蓄的广阔胸怀。在新桥两座独立拱桥之间的空地上，矗立着古代骑士的青铜塑像。"青铜骑士"的原型是亨利四世，但令人遗憾的是，原作在法国大革命时期遭熔化，现在的雕像是1818年的仿制品。

图7-16 法国巴黎新桥

图7-17为天津北安桥的桥头雕塑。这座桥梁连接和平区、河北区，1973年改建为钢筋水泥桥，全桥三跨，改造后原桥抬升1.5m。改造后的北安桥，体现了古典式建筑风格，桥头雕塑采用西洋古典表现形式，雕塑内容为青龙、白虎、朱雀、玄武四灵，寓意东西南北四方平安。桥墩雕像为青铜，正面装饰盘龙，桥栏柱基上为四尊舞姿各异的乐女，手中分别抱着不同的乐器，有琵琶、笙、箫等。这座桥梁的雕塑基本上沿袭了法国巴黎新桥的构思，并配以中国传统文化的符号。

图7-17 天津北安桥桥头雕塑

图7-18为我国于1968年12月29日建成的南京长江大桥，它是长江上第一座由我国自行设计建造的双层式铁路、公路两用桥。大桥铁路桥全长6772m，公路桥全长4589m，是继武汉长江大桥、重庆白沙沱长江大桥之后第三座跨越长江的大桥。正桥的路栏上，公路引桥采用富有中国特色的双孔双曲拱桥形式。公路正桥两边的栏杆上嵌着200幅铸铁浮雕，人行道旁还有150对白玉兰花形的路灯，洁白雅致。南北两端各有两座高70m的桥头堡，堡内有电梯可通铁路桥、公路桥及桥头堡上的瞭望台。堡前还各有一座高10余米的工农兵雕塑。南堡下是一个风景秀丽的公园。应该说，桥头雕塑、街心公园等都为大桥增添了巨大生命力和影响力，使游人流连忘返。

老穆说桥之七：城市桥梁前沿研究 |

图 7-18　南京长江大桥桥头雕塑

7.3.3　相关对策建议

城市桥梁美学是一门系统的学科，而景观设计是其十分重要的组成部分。现代桥梁建筑的重点，要放在总体布置和主体结构上，应塑造桥梁这一跨越性工程建筑物的美。桥梁建筑美要忠于合理的受力结构，不应在结构之外过多增加装饰。

据此笔者提出如下对策建议：

（1）应充分重视城市桥梁美学和景观设计作为桥梁建设中非常重要的组成部分，切实加强城市桥梁美学和景观设计的研究。

（2）我国城市桥梁美学和景观设计应树立自主创新的观念，努力实现原始创新，不仅要满足城市桥梁规模大、跨径大和建桥的高速度，更应关注城市桥梁美学、景观设计中的创新技术和工程质量上的突破，真正实现创造性设计，通过我们的不懈努力留下传世的城市桥梁精品。

（3）应不断地搜集了解国外城市桥梁美学和景观设计的最新发展动态，正视我们的不足，看到我国在城市桥梁美学和景观设计方面同发达国家的差距，结合我国的国情，在城市桥梁美学和景观设计的资金安排上，给予更多的支持，既要关注城市桥梁在交通上的重要作用，又应对城市桥梁美学和景观设计在城市环境品质的贡献予以充分的重视。

（4）应加紧进行我国城市桥梁美学和景观设计相关规范的编写、修改和完善工作，使城市桥梁美学和景观设计有章可循。

（5）应重视城市桥梁桥头建筑、公园和小品等的设计和施工。国内外的成功作品表明，桥头雕塑艺术与建筑艺术在形式、风格、空间、环境、文化等方面互相影响、互相渗透，反映出一系列相关联的特征。桥头雕塑与建筑同是人类文化中重要的艺术表现形式，其产生和发展是与整个人类社会的进步相关联的，桥头雕塑的建造要树立历史观和美学观，要经得起历史的考验。

（6）为推动我国城市桥梁美学和景观设计的发展，应加大新型材料的推广应用。如轻质高性能、耐久材料的研究和推广力度，推广应用玻璃纤维和碳纤维增强材料，积极推广铝合金钢材料等，以适应城市桥梁景观建设的建设需要。

（7）加强国内、国际城市桥梁美学和景观设计的学术交流，总结正反两方面的经验教训，使我国的桥梁界同行能够以多种形式交流和探讨大家共同关心的问题，以推动我国城市桥梁事业的进一步发展，促进我国桥梁建设的技术进步。

（8）应处理好城市桥梁美学和景观设计的有机联系和相互制约的关系。对于这一系统学科，目前我们所研究和应用的领域是很不够的，与我国快速发展的城市桥梁建设形势不相适应，若不采取有效的措施，势必留下很多遗憾。

总之，我们要从人类创造的一切文明成果中汲取养料，进一步推动我国城市桥梁建设的健康发展，促进祖国现代化建设的进程。

老穆说桥之八：
21世纪国外特大型桥梁的技术创新

8.1 引 言

众所周知，国外特大型桥梁的建造以悬索桥、斜拉桥和拱桥为主，且以悬索桥和斜拉桥为代表。

本文系统介绍了21世纪以来国外相继建成的5座特大型桥梁工程，对其技术创新进行逐一剖析，并提出若干思考和建议，力图为同行们提供有借鉴意义的资料，推动我国桥梁建设。

8.2 国外典型特大型桥梁的技术创新

8.2.1 丹麦厄勒海峡大桥

厄勒海峡大桥全长16km，连接丹麦的哥本哈根和瑞典的马尔默，于1995年动工，2000年5月完工，是目前世界上已建成的承重量最大的斜拉索桥。大桥的咨询设计工作由丹麦和瑞典的科威、VBB两家公司共同承担。大桥从马尔默出发，海峡中建造了一座人工岛，靠近哥本哈根的一段是铁路与公路合用的海底隧道，因此大桥由三部分组成，包括8km桥梁、4km人工岛上公路、4km海底隧道。它所连接的丹麦东部地区和瑞典南部地区因此成为北欧及波罗的海地区国际性都市群最密集、经济最活跃、文化交流最频繁的地区。

丹麦的哥本哈根与瑞典的马尔默隔厄勒海峡相望，该海峡是20世纪较繁忙的水道之一。这一海上走廊的建成将欧洲大陆的中部和北欧的斯堪的纳维亚半岛连成一体。厄勒海峡大桥的东桥建有200m高的中央桥墩和57m高的船舶通过空间，保证过往海峡的船只从桥底顺利通过。大桥工程经过两国政府的认真论证和调查研究，对确保大桥不影响进入波罗的海的水流及减少对海洋生物破坏等都做了严格的规定。

这座堪称奇迹的大桥仅设计方案就经过了 10 年的精心准备。为了保证精确性，在施工中使用了卫星定位系统。300 多个小型精密反光镜（感应装置）被浇筑在混凝土桥墩中，或固定在周围的岩石上。在施工中，桥墩只要每升高 4m，专家就能利用卫星定位系统接收感应装置的信号，纠正可能出现的偏差。

大桥的主要特点有三：

一是西侧的海底隧道

图 8-1 丹麦厄勒海峡大桥

长 4050m、宽 38.8m、高 8.6m，位于海底 10m 以下，由 5 条管道组成，分别是两条火车道、两条双车道公路和一条疏散通道。它是目前世界上最宽敞的海底隧道。

二是中间的人工岛长 4055m，将两侧工程连在一起。东侧的跨海大桥长 7845m，上为四车道高速公路，下为对开火车道，共有 51 座桥墩，中间是斜拉索桥，跨径为 490m，高 55m，是目前世界上承重量最大的斜拉桥。

三是大桥历时 5 年建成后，建筑垂直误差不超过 5mm。它的寿命将超过 120 年。桥面上支撑拉索的 87m 多高的钢筋水泥桥塔，巨大而笨重，不可能在桥上直接修建。人们要先把它造好，再在桥面上铺设轨道，一点点地挪到桥墩的正上方，这好比在 270m 高空移动 30 层的大楼。该桥施工难度极大，创下当时建桥世界纪录。

8.2.2 法国米约大桥

米约大桥坐落于法国南部，是法国连接巴黎和郎格多克海岸的 A75 公路计划的一部分，而米约镇在这段路中居"瓶颈"位置，大桥跨越塔恩河（Tarn）河谷，桥下两端为拉尔札克高原和莱伟祖高原，有另一条高速公路蜿蜒其间，全长约 32.2km，米约大桥通车后，这段路行车时间从 3 个小时缩短为 10 分钟。

图 8-2 法国米约大桥

米约大桥为四车道斜拉桥，桥梁由 7 个悬臂单塔单索面支撑。大桥的桥面高 270m，悬臂支柱最高处达 343m，比巴黎埃菲尔铁塔还高。大桥总长 2460m，整个桥面结构耗费钢材 3.6 万 t，占大桥重量的 1/4，桥墩和桥塔采用混凝土建造。该大桥共分 8 跨，其中，除了最南与最北 2 个跨较短，为 204m 外，其余桥跨的跨径皆为 342m。由于两端高度不同，全桥以 3% 的纵坡度由南端向北端下降，而为了提升视距，桥梁设有 20000m 的水平曲率。桥面主梁采用钢箱梁结构，高 4.7m，桥面宽 32.05m。7 座桥墩高度从 77m 到 245m 不等，厚度由底至顶逐渐缩减呈梯形状，墩底断面宽度 24.5m，到桥面后宽度降为 11m。每一个桥墩都由 16 个段落组成，每个段落重 2230t，这些段落本身又是在施工现场以每块 60t，宽 4m、长 17m 的构件组成。桥面顶的桥塔高度均为 87m。

米约大桥创下多项纪录：一是桥长2460m；二是宽度达32m；三是桥塔总高达343m，塔恩河谷上方桥面高达270m；四是整桥的最高桥墩高度达到245m。

8.2.3 美国胡佛大桥

美国标志性建筑胡佛大坝上新建起的胡佛大桥，可以说是地球上最新的让人望而生畏的超级建筑之一。经过12年的计划和3000名工人历时5年的建设，这座大桥于2010年9月竣工。

图8-3 美国胡佛大桥

这座大桥与其连接线在内的新建道路统称为胡佛水坝绕道。该项目位于胡佛水坝的下游490m处，横跨科罗拉多河，连接着美国的内华达州和亚利桑那州，是全长约5.6km道路建设项目的一部分。

大桥有以下6个创新点：

一是建成后，成为美国第一座钢-混凝土组合拱桥（全桥混凝土拱肋由内部的钢材加固，形成了由钢-混凝土构成的组合材料）。全桥总长579m，329m的主跨为当时世界之最，桥面高于河道水面256m。

二是大桥建造用的缆索起重机高91m，缆索跨径579m。

三是胡佛大桥有4个车道，风格与胡佛大坝相得益彰。设计这座桥梁的目的在于减轻93号公路交通压力，竣工后每日可以通过大小车辆1.7万辆，原先允许车辆通行的胡佛大坝公路则被关闭。

四是大桥和 93 号干线公路的新建路段均为四车道。行人能够步行过桥并在桥上停留，以观赏胡佛大坝和大桥的风景。

五是胡佛大坝是在大萧条期间建成的，这项伟大的工程显示了美国坚韧不拔的拼搏精神；胡佛大桥的建设也给美国人带来了极大的鼓舞。

六是胡佛大桥耗资 2.4 亿美元，历时 5 年完成。大桥由约 7257.5t 重的钢铁、约 2.29 万 m^3 的混凝土和 60.96 万 m 的缆索建成，是美国兴建的最长的一座拱桥。

8.2.4 俄罗斯岛大桥

俄罗斯岛大桥是 2012 年俄罗斯新建成的跨海大桥，主跨长 1104m，总长度为 3150m，建成时为世界上最大跨径的斜拉桥。

俄罗斯岛大桥是一座跨越东博斯普鲁斯海峡的大桥，为服务 2012 年在符拉迪沃斯托克（海参崴）举行的亚太经济合作组织首脑会议而兴建。大桥连接了该城市的大陆部分（纳基莫夫半岛）

图 8-4 俄罗斯岛大桥

与此次会议举办地俄罗斯岛，于 2012 年 7 月完工，由俄罗斯总理梅德韦杰夫主持通车。2012 年 9 月 3 日，该桥被正式命名为俄罗斯岛大桥。

这座大桥的创新点包括：

一是俄罗斯岛大桥拥有 320.9m 的世界第二高桥塔，排在米约大桥之后。

二是 1104m 的主跨使其超越苏通长江公路大桥，成为世界上最大跨径的斜拉桥。该桥梁的设计取决于两个主要因素：桥梁在两岸间的最短距离为 1460m，通航航道水深达 50m；桥梁建筑所在地的气候条件严酷，温度变化从 -31℃ 到 37℃，风暴的风速高达 36m/s，风暴潮高达 6m，冬季时冰层厚度可达 70cm。

三是大桥横跨东博斯普鲁斯海峡的两侧，斜拉索和主梁同步安装，共计 130 根斜拉索，最长斜拉索达 483m。钢梁由 103 块长 12m、宽 26m 的预制板组成，预制板总重量为 23000t。

四是主梁的悬臂部分长度为 852m，比桥梁主跨（1104m）的 75% 还略长。超过 1.8 万 t 的钢结构安装到位加固桥梁。

五是桥墩地基中用的是直径为 2m 的 120 孔桩，桩子带有取不下来的金属外壳。在 7 号桥墩下纵深达 46m。在纳基莫夫半岛上埋藏最深的钢筋水泥柱为 77m。每个桥墩的承台工事需要大约 2 万 m³ 水泥和 3 万 t 金属结构。承台台身安装了应力计，用于监控该底座的状态。

六是建桥工人在极端恶劣的条件下施工，为在极端条件下建桥积累了宝贵的经验。6 号桥墩（纳基莫夫半岛）不间断地配置钢筋和水泥，创下了超过 25 个月的纪录。

8.2.5 希腊超级大桥

希腊超级大桥是横跨里翁和安提里翁之间的跨海大桥，是希腊最引以为豪的建筑之一。大桥跨越海面 2252m，比美国旧金山的金门大桥还要长 290m。希腊前总理哈里拉奥斯·特里库匹斯首次提出修建跨海大桥的必要性。建桥共使用了 25 万 m³ 混凝土，368 根钢索，每根钢拉索的立柱高 227m。

图 8-5 哈里拉奥斯·特里库匹斯大桥

超级大桥以哈里拉奥斯·特里库匹斯的名字命名。过去，汽车通过轮渡到对岸约需 20 分钟，加上等候约 45 分钟。大桥建成后，汽车通过的时间仅约 5 分钟。据测算，大桥每天最多可通过车辆 2.5 万辆。2004 年 8 月 12 日，横跨科林斯湾、连接希腊大陆和伯罗奔尼撒半岛的跨海大桥正式开通，实现了希腊人的百年梦想。

大桥全长 2883m，其中跨海的主桥长 2252m，从里翁方向的引桥长 392m，从安提里翁方向的引桥长 239m。主桥有 4 座桥墩，边缘的桥墩到引桥间的距离为 286m，桥墩之间的距离为 560m。大桥是当时世界第二长的斜拉桥。每座桥墩在海面以上的高度为 160m，水下的高度达 65m。每座桥墩位于一个直径为 90m 的地基上，每个地基由 200 根插入海底的长达 30m 的钢柱组成。

由于大桥位于强地震区，建筑施工时为了保障桥梁高度的安全性，采取了强力措施。按照设计，强度达 7 级的地震以及桥墩之间距离错位 2m 均不会导致桥梁破坏。此外，总登记吨位达 18 万 t 油船的碰撞和风速达 250km/h 的大风也不会对其造成破坏。

大桥的伸缩缝是目前类似桥梁中最大的。在其最高处桥面宽 27.2m，厚 2.82m，离海面的高度为 52m，这样即使大船也能够通过。

8.3 感悟与建议

（1）从以上论述国外特大型桥梁技术创新的情况来看，国外桥梁演变历史既是桥梁跨径不断增大的历史，也是桥型不断丰富和结构不断轻型化的历史。目前，钢梁、钢拱的最大跨径已超过 500m，钢斜拉桥为 1100m，而钢悬索桥达 1990m。而筹备中的意大利西西里岛墨西拿海峡大桥的跨径将达 3300m。据国际权威桥梁专家预测，21 世纪末，世界上建造桥梁的最大跨径将达 5000m。

（2）桥梁是一种跨越障碍的通道，它由上部结构和下部结构两部分组成，上部结构包括桥身和桥面，下部结构包括桥墩、桥台和基础。它们高悬低卧，形态万千，为山川增辉；有的造型奇巧，有的一桥多用，巧夺天工。不管风吹雨淋，无论酷暑严冬，它们总是为广大的行人、车马跨江过河而无私奉献着。桥梁是世界上最雄伟、最美丽、最动人的建筑工程之一。

（3）我们应清醒地认识到，与世界桥梁强国相比，我们还存在一些技术差距。大跨径桥梁设计方面技术储备不够，如主跨 3000m 级悬索桥及 1500m 级斜拉桥等结构体系与关键结构问题有待解决；高性能材料方面的研究与应用滞后；与超大跨径相匹配的支座、伸缩和阻尼等装置、设备研究开发不足；等等。

（4）我们应认真总结以往建桥的经验和教训，从特大型桥梁作为生命线工程最重要组成部分的高度，充分认识桥梁工程安全性、创新性和耐久性的极端重要性。我们应通过艰苦努力，真正显示出与大国精神气质相匹配的建桥水准和造桥成就。

（5）我们应积极学习和借鉴国外特大型桥梁技术创新的先进经验，不断加强与国际同行们的交流，积极关注国际上该领域的发展趋势，及时了解和搜集国外的最新科研成果，促进国内外的学术交流，大力促进我国城市桥梁建设的技术进步，推动我国城市桥梁建设的可持续发展，使我国早日成为世界桥梁强国。

老穆说桥之九：
基于工业化建造理念的城市桥梁

9.1 引　言

现代人的生活离不开桥梁。桥梁既是城市生命线的重要组成部分，也伴随着城市化进程的加快，成为一种重要的历史遗存和城市建筑中经典的艺术品。

与传统建筑方法相比，现代工业化建筑的建造方法具有很高的生产率。近些年来，世界各国十分重视建筑标准化和重复性实用程度，大大缩短了住宅的建造周期。譬如新加坡的建筑项目，建设时间从传统的 18 个月下降到 8—14 个月。当今建筑产业化是建立在标准化之上的，其建筑结构预制构件的大规模使用，极大地节约了项目建造成本。新加坡政府近年来积极推动建立基于模数化的标准化产品体系和设计规范，因地制宜，规定建筑层高、墙厚、楼板厚度的模数，以利于预制构件的设计生产，节约材料和生产耗时，并以法规强制推行，提高劳动生产效率。

当今世界如何基于工业化建造理念来建设城市桥梁，也是该领域研究和发展的课题。

9.2　内涵诠释

新加坡、以色列两国近些年来在建筑业上大规模发展装配式建筑，大力推行建筑工业化，极大地鼓舞了装配式建筑企业对高水平系统的追求。实行项目后评价，持续改进适合其国情的建筑工业化生产方式和建筑结构体系，更是大规模装配式建筑发展的重要因素。他们长期对工业化建筑方法进行评估，基本采用预制混凝土组件并配合使用机械化模板系统，使得其建筑工业化得以稳步发展。如新加坡开发的 15—30 层的单元 AA 化的装配式住宅，占全国总住宅数量的 80% 以上。通过平面布局、部件尺寸和安装节点的重复性来实现标准化，以设计为核心实现施工过程的工业化，装配率达到 90%。在城市桥梁建设上，这两个国家亦有异曲同工之处。

基于工业化建造理念的城市桥梁的内涵是：城市桥梁应基于工业化建造理念，以推动发展桥梁集约化建设技术、组合结构和预制拼装桥梁技术、特殊桥梁设计技术、桥梁耐久性技术等为内容，从理论研究与设计方法、结构改进与开发、施工技术等方面，分析和论证应该关注的主要技术问题。

9.3 反映工业化建造理念的世界城市桥梁

近年来，笔者曾赴新加坡、以色列考察其最新的城市桥梁建设，这两个国家的共同特点是针对本国的实际情况，不盲目追求大跨径和形状怪异的城市桥梁，他们在工业化建造理念指导下取得了令世人瞩目的成就。下面简要介绍其相关情况。

9.3.1 反映工业化建造理念的新加坡城市桥梁

新加坡曾是"亚洲四小龙"中的佼佼者，其独立后的经济发展速度令世界瞩目。1965 年，新加坡正式独立，其随后的经济发展道路呈现出一些基本特点：良好的软性条件具有继承性和独创性、外向性与开放性，全力开发优势资源等。这些特点对发展中国家的经济建设具有重要的借鉴意义。

（1）在常规城市桥梁的建造上，积极引进工业化建造理念。近 20 年来，新加坡在城市桥梁建设上，与建筑行业的发展趋势相对应，大力修建反映工业化建造理念的城市桥梁。在工厂预制装配式钢筋混凝土桥梁和预应力混凝土桥梁，其拼装结构及连接手法独树一帜，主要包括预制主梁、预制桩基、预制底系梁、预制墩柱、预制盖梁、预制纵向梁、预制叠合底板和预制防撞栏。预制桩的桩顶与预制底系梁在底部连接，预制底系梁向上与预制墩柱连接，预制墩柱向上与预制盖梁连接，预制纵向梁通过桥梁支座将固定端架立在预制盖梁上，预制叠合底板支撑在预制纵向梁之上，在预制叠合底板上绑扎桥面板钢筋后通过混凝土整体现浇制成桥面板，预制防撞栏安装在桥面板之上。这些做法极大地提高了劳动生产率，缩短了工期，降低了桥梁建造成本，并有效地保证了桥梁施工质量。

（2）新加坡在工业化装配式桥梁结构领域，形成了十分成熟的建造体系。这种拼装体系、连接构造及其拼装连接方法，广泛应用于工厂化预制简支梁片（包括空心板梁、T形梁等）和全预制钢筋混凝土桥梁结构的生产中。

（3）在预制墩柱的柱顶与预制盖梁之间，采用直穿钢筋灌缝连接方式安装；对预制墩柱的柱顶和预制盖梁之间的缝隙、预留的贯穿孔之间的缝隙，进行砂浆灌缝处理。当预制墩柱的桩顶与预制盖梁之间缝隙较大时，对预制墩柱的桩顶进行临时支模灌注。

（4）完成预制盖梁吊装后，安装桥梁支座，预制纵向梁的边支点将桥梁支座架立在预制盖梁上，预制纵向梁吊装顺序从中间部位向两侧推进，相邻的两个预制纵向梁之间通过分别与之相连的横系梁连接。预制防撞栏之间的横向连接采用楔形灌缝连接，两个相邻预制防撞栏中的一个预制防撞栏一端预留楔形凸起，另外一个预留楔形凹槽，楔形凸起自上而下套入楔形凹槽后再对连接空隙进行灌浆施工填缝。

（5）桥面板采用叠合板技术，完全取代了模板和支架系统，在降低费用的同时也保证了施工安全和施工速度。桥面板现浇还能保证桥梁的整体性。采用桥梁施工设备和预制先进技术，达到快速建成一座简支及连续多跨桥梁的目的。

上述严格的预制和施工环节，推动了新加坡在城市桥梁建造上的标准化和高效快速。

图 9-1 亨德森波浪人行桥

在新型城市桥梁的建造上，新加坡呈现出很强的创新意识。譬如亨德森波浪人行桥，这是一座举世闻名的桥梁，总长 274m。其桥身酷似上下起伏的波浪，

老穆说桥之九：基于工业化建造理念的城市桥梁 |

设计动感十足，到访的游人无不赞叹这座新型桥梁反映了世界科技发展趋势。该人行桥采用钢拱支架，布满全桥的弧线"肋骨"均采用巴劳木板条制成，这种密实的硬木仅生长于东南亚，常用于重型建筑中。这种外形使桥梁上有多处贝壳状的休息区，游人可落座其中，欣赏周边的风景。因为有良好的私密性，又有许多休息空间，桥梁每逢周末便成为情侣谈情说爱、家庭携子出游和健身者慢跑的热门之地。

亨德森波浪人行桥也是新加坡最高的人行天桥，最高点离路面36m，相当于12层楼高的新加坡组屋。这座独特的桥梁，其桥身犹如后浪推前浪，有4个波峰和3个波谷，8m宽的桥身就在波峰浪谷之间穿过。拱起的波峰也是遮篷，遮篷下有长凳让游人休憩。桥身从花柏山向直落布兰雅山攀升，两端落差20m。全桥采用无障碍设计，没有梯级，设有扶手，桥面防滑，极大地方便了老人及行动不便者。

9.3.2 反映工业化建造理念的以色列城市桥梁

以色列地处亚洲西部，地中海东岸，地域狭小，资源匮乏。以色列政府十分重视科技创新，通过创新驱动本国的经济发展，在科技和经济领域都取得了举世瞩目的成就。以色列在城市桥梁建设领域取得了成绩，亦应得到人们的赞美和尊重。

以色列尽管建国时间不长，但在城市桥梁建设方面有着先进的工业化发展理念。其桥梁文化的核心是展现科技发展的总体实力和科技创新。

（1）科尔德斯大桥的建造成果，综合反映了以色列的工业化建造理念。这座桥梁的奇妙设计充分反映了以色列人的创新意识和高超的建桥技术，既体现了以色列工业化发展水平，同时也体现了其传承民族文化和与周围环境和谐、共融的设计理念。这座桥梁采用抛物线形状的异形钢拱塔造型，以舒展的钢拱为桥身，其斜拉索按照不同规律变换，宛如在空中布设了一张奇妙的网。两侧的桥梁栏杆简洁、明快、实用，不与大桥的总体造型相争。特别是采用合理和富有想象力的结构受

图9-2 科尔德斯大桥

173

力体系，展现出优美的桥型。大桥的设计、建造和运营维护都为人们所称赞，这也是值得我们借鉴的。

以色列人在大跨径桥梁设计理念上，汲取了世界上其他斜拉桥建造的成功经验。他们不盲目地追求跨径上的纪录突破，而是潜心做自己的事情。他们建造的桥梁，流畅的桥面从主塔腰际穿过，塔形简洁流畅且受力合理，充分体现了力与美的完美结合。

（2）以色列人将预应力新技术——预应力最新锚固体系成功地应用于城市桥梁。预应力混凝土技术是结构工程中一项先进的、有潜力的技术。预应力混凝土不仅节约钢材，更能改善结构，满足建设事业的需要。

（3）在城市桥梁迈向工业化发展方面，以色列人同样取得了举世瞩目的成就，并起到了很好的示范作用。他们常采用预应力混凝土变截面结构。这些城市桥梁的显著特点是——其连续梁结构的主梁的尺寸都比较大；其防撞栏杆与主梁的翼板浇筑在一起，完全满足防撞的受力要求。他们在桥下的墩柱设计上，采用独柱墩柱、T形墩柱、Y形墩柱、薄壁墩和矩形墩等，形式多样，而且注重工业化发展的趋势，工厂预制和现场拼装相结合。

（4）以色列人设计的人行天桥，在设计理念和建造手法上充分体现了简洁与新颖；而独具特色的外形和实用的功能需求，给人们带来美的享受，也为桥梁结构和景观设计的结合提供了很好的案例。

以色列 70 多年来的城市桥梁建设，反映了其富于工业化发展的建造理念。

9.4 相关启示和建议

9.4.1 相关启示

（1）城市桥梁作为土木工程和城市建设的重要载体，蕴藏着不同国家、不同民族的审美传统，应成为人类文明交流的纽带，我们应汲取其中的营养成分，创造性地从事我们的桥梁设计工作。我们深感，新加坡和以色列在桥梁建设上有许多值得我们学习和借鉴的东西，我们应积极推动我国城市桥梁建设的健康发展。

（2）通过上述对两国近些年新建新颖桥梁的总体介绍，我们深感其在设计理念和桥梁建造上展现出的简洁、舒展和奇妙。他们不盲目地追求跨径上的纪录突破，而是潜心做自己的事情，这是值得我们学习和借鉴的。我们也从其建造的一系列城市桥梁的作品中，看到了城市桥梁美学在桥梁建筑上的充分展现。

（3）他们在城市桥梁设计理念上，汲取了世界上其他国家建造桥梁的成功经验，十分重视和发展预应力混凝土结构新技术，不仅节约了钢材，更能改善结构，满足桥梁结构耐久性的需要。他们在应用现代预应力技术上十分娴熟，其锚固体系也富有想象力，且结构安全、体系设计合理，充分满足了桥梁结构的安全性和耐久性要求。

（4）这两国在城市桥梁迈向工业化发展方面取得了令世人瞩目的成就，起到了很好的示范作用。他们注重工业化发展的理念趋势，在常规城市桥梁建设上，积极采用工厂预制和现场拼装相结合的方式，给人们以深刻的启迪和示范作用。

（5）他们秉承创新发展的理念，设计出梦幻和新颖的人行天桥。譬如亨德森波浪人行桥独具特色的外形和实用的功能需求，给人们带来美的享受，也为桥梁结构和景观设计的结合提供了很好的案例。

（6）综观他们近来的城市桥梁建设，都从不同侧面反映了其工业化发展的建桥理念。他们在城市桥梁建设领域为人类做出了重要贡献。

9.4.2 相关建议

（1）桥梁造型艺术凝聚着浓厚的民族文化内涵，蕴藏着不同国家、不同民族的审美传统、聪明才智和精湛技艺。我们应学习、借鉴新加坡和以色列顺应世界科技发展、大力建造城市桥梁的有益经验，认真总结我国前一段在城市桥梁建造上的经验和教训，通过积极努力，使我国工业化城市桥梁建造迈上新的台阶。

（2）我们应学习他们在城市桥梁建设上映射世界科技发展趋势和先进工业化发展水平的理念，充分展现科技发展的总体实力和科技创新水平，从国家和行业层面上，大力发展我国城市桥梁集约化建设技术，编制相应的标准和规范，从源头上促发展。

（3）应清醒地认识到，工业化时代稀缺的是资源和产品。资源和生产能力被视为今后企业的核心竞争力，而工业化时代的标准思维模式是大规模生产、大规模销售和大规模传播。应树立工业化发展的理念，推动我国城市桥梁的工业化发展进程。

老穆说桥之十：
基于创新理念的城市桥梁建设技术与艺术

10.1 内涵诠释

近年来，我国相关设计、科研和施工单位围绕城市桥梁结构设计新技术、景观艺术设计、智能建造、新材料、新设备等热点问题展开深入交流和探讨，旨在将全新的建设理念、艺术元素等应用到城市桥梁建设中，进一步推动我国城市桥梁的高质量建设，促进品质提升，实现技术与艺术双创新，达到城市桥梁建设的全生命周期的预期目标。从行业角度上分析，充分表达人们的期待：应树立城市桥梁建设技术及艺术的新理念，认真总结国内外城市桥梁建设的经验，推广创新技术和理念，将创新作为引领城市桥梁建设和发展的第一动力，深入实施创新驱动战略。

改革开放以来，我国在城市桥梁建设的实践中、在探索城市桥梁美学与功能的实践中积极创新，在科学技术、美学及艺术的探索上不放松任何一面，力争更好地满足人民群众的高品质生活需求。

10.2 相关案例分析

10.2.1 北京新首钢大桥

新首钢大桥位于北京长安街西延线上，是从北京西部进出中心城区的重要通道。新首钢大桥的研究、设计与建造用了9年多时间，全长1354m，宽度达54.9m，设计双向八车道和非机动车道及人行道。大桥是全球首例双塔斜拉刚构组合体系桥，是北京地区最大跨径的桥梁，也是国内外设计、建造难度最大的桥梁之一。该桥的桥梁结构采用与自然环境融合的全新空间弯扭塔、梁、拉索组合结构体系，创新应用数字设计技术，实现了之前国内外桥梁行业没有过的全曲面特大跨径钢桥结构精细化设计。设计团队经过持续9年的刻苦攻关和不懈努力，在国际上首次完成了全尺寸、超精细、参数化的特大跨径钢桥数字模型，有效解决了空间非一致曲率曲面重构、大

图 10-1 北京新首钢大桥

量空间异形钢结构节点结构设计、受力分析、加工方法、验收方法、架设精度控制等行业难题；在行业内首次实现了桥梁工程项目设计、加工、架设各方协同工作，使不可能变为可能。确保大桥准确实现规划设计意图，提升了工程质量，节约了钢材，确保了工期。索塔采用全钢结构，高塔桥面以上高约112m，南北塔倾斜角分别约为61°和71°。主梁采用全焊接分离式变截面钢箱，中间横梁连接，横梁间距3m，车行道部分为正交异性钢桥面板。

中跨主梁宽度从54.9m到47m再到53.7m渐变，梁高从10.51m至3.3m渐变，边跨主梁宽度为47m，梁高3m。斜拉索采用竖琴式渐变距离布置，塔上索间距2.90—7.26m，梁上索间距3.76—14.4m。两座钢塔高矮不一，位于西侧的钢塔高度达112.195m，位于东侧的钢塔高度为65.915m，倾斜角度达到57°。钢塔连接着的112根拉索也呈倾斜形式，共同拉起全桥30000多吨钢箱梁。

新首钢大桥作为长安街西延线上跨越永定河的桥梁，与长安街周边诸多标志性建筑一样，是现代建筑科技的结晶，是历史人文风貌与时代特性的综合体现。

10.2.2 港珠澳大桥

港珠澳大桥是我国建造的世界级跨海大桥。

港珠澳大桥的总体设计理念包括战略性、创新性、功能性、安全性、环保性、文化性和景观性等几个方面。港珠澳大桥主桥为3座大跨度钢结构斜拉桥，每座主桥均有独特的艺术构思。其中青州航道桥塔顶结型撑吸收"中国结"文化元素，将最初的直角、直线造型"曲线化"，使桥塔显得纤巧灵动、精致优雅。江海直达船航道桥主塔塔冠造型取自"白海豚"元素，与海豚保护区的海

洋文化相结合。九洲航道桥主塔造型取自"风帆",寓意"扬帆起航",与江海直达船航道桥塔身形成序列化造型效果,桥塔整体造型优美、亲和力强,具有强烈的地标韵味。东西人工岛汲取"蚝贝"元素,寓意珠海横琴岛盛产蚝贝。香港口岸的整体设计富于创新,美观且符合能源效益。旅检大楼采用波浪形的顶篷设计,为支撑顶篷,大楼的支柱呈树状,下方为圆锥形,上方为枝杈状展开。最靠近珠海市的收费站设计成弧形,前面是一个钢柱,后面由几根钢索拉住,就像一个巨大的锚。大桥水上和水下部分的高差近100m,既有横向曲线又有纵向高低,整体如一条丝带一样纤细轻盈,把多个节点串起来,寓意"珠联璧合"。前山河特大桥采用波形钢腹板预应力组合箱梁方案,施以符合绿色生态特质的天蓝色涂装,造型轻巧美观,与当地自然生态景观浑然一体;桥体矫健轻盈,似长虹卧波,天蓝色波形腹板与前山河水道遥相呼应,形成一道绚丽的风景线。

图 10 - 2　港珠澳大桥

10.3　相关启示

通过上述案例分析,可以得到以下六点启示:

(1) 我国改革开放以来的成功实践表明,我们在城市桥梁的建设中积极探索城市桥梁美学与功能的有机结合,积极创新,并在桥梁建设中较好地把握科学技术、桥梁美学及艺术之间的关系,实现相辅相成、相互促进、相得益彰,实现了更高品质的发展。

(2) 城市桥梁作为土木工程和城市建设的重要载体,蕴藏着不同国家、不同民族的审美传统,应成为人类文明交流的纽带。我们应汲取其中的营养成分,创造性地从事我们的桥梁设计工作,积极推动我国城市桥梁建设的健康发展。

(3) 经过刻苦攻关和不懈努力,新首钢大桥在国际上首次完成了全尺寸、超精细、参数化的特大跨径钢桥数字模型,有效解决了空间非一致曲率曲面重构、大量空间异形钢结构节点结构设计、受力分析、加工方法、验收方法、架设精度控制等行业难题，在行业内首次实现了桥梁工程项目设计、加工、架设各方协同工作。这为城市桥梁建设技术与艺术的探索积累了成功的经验。

（4）港珠澳大桥每座主桥均有独特的艺术构思。其中青州航道桥塔顶结型撑吸收"中国结"文化元素，将最初的直角、直线造型"曲线化"，使桥塔显得纤巧灵动、精致优雅。这个案例充分说明，我国的城市桥梁建设技术与艺术的实践探索是十分成功的。

（5）两个案例，秉承城市桥梁设计的创新理念，汲取世界上其他国家特别是发达国家建造桥梁的成功经验，十分重视和发展预应力混凝土结构新技术，不仅节约钢材，更改善结构，满足桥梁结构耐久性的需要。

（6）这两座桥梁，均以其独具特色的外形和实用的功能性，给人们带来美的享受，也提供了桥梁结构建设技术和艺术结合的经典案例。

老穆说桥之十一：
顺应世界科技发展趋势的新加坡城市桥梁

11.1 引　言

新加坡，全称为新加坡共和国（Republic of Singapore），别称"狮城"，是东南亚的一个岛国，政治体制为议会共和制。新加坡北隔柔佛海峡与马来西亚为邻，南隔新加坡海峡与印度尼西亚相望，毗邻马六甲海峡南口，国土除新加坡岛之外，还包括周围数岛。其国土面积为733.2km^2，截至2022年，新加坡常住总人口约564万。

新加坡是一个多元文化的移民国家，促进种族和谐是政府治国的核心政策。新加坡以稳定的政局、廉洁高效的政府著称，是全球最国际化的国家之一，"亚洲四小龙"之一，其经济模式被称为"国家资本主义"。

进入21世纪以来，世界桥梁以新型、大跨、轻质和美观为发展新目标，桥梁结构形式多彩多姿，按照构造和受力体系大致可分为8种：刚架桥、拱桥、系杆拱桥、简支梁桥、连续梁桥、T构桥、斜拉桥、悬索桥。国际桥梁界推崇将实用功能与艺术构思融为一体，充分考虑周边环境保护，使一座座新建桥梁成为城市中新的旅游风景线。一些发达国家的桥梁设计不仅追求造型美与环境协调，对实用功能的重视也不断提高，这也是世界科技发展趋势在城市桥梁领域的展现。

笔者曾于2000年去过新加坡，2019年5月再一次去新加坡考察，深感新加坡在城市建设特别是城市桥梁建设上顺应世界科技发展趋势，并取得了很大的成就。

11.2 新加坡十座典型的城市桥梁

11.2.1 加文纳大桥

著名的加文纳大桥位于新加坡河口附近，是首座连接新加坡河南北两岸的桥梁，堪称新加坡河上第一桥。这座建于 1868 年的老桥系钢桁架结构桥梁，现在已禁止机动车通行，但游客可以漫步桥上，观赏河畔景致。在这座老桥的桥墩上可以发现几只猫的雕塑，这种体形迷你的猫据说是吉尼斯世界纪录里最娇小的猫，仅存在于新加坡。

图 11 – 1　加文纳大桥

著名的浮尔顿酒店位于该桥附近，古老的酒店因矗立于新加坡河口的独特位置和悠久历史而闻名。如今，这座酒店在周边现代化高楼大厦的俯视下，显得有些矮小，但其外表仍旧彰显着贵族风范。这里是新加坡城区的中心地带，也是新加坡历史发展繁荣的窗口。

11.2.2 安德逊大桥

安德逊大桥是新加坡市中心的一座著名桥梁，长 70m，宽 28m，横跨新加坡河，靠近河口，连接南岸的珊顿道金融区与北岸的政府大厦。该桥于 1910 年 3 月 12 日开通，得名于时任总督安德逊，并由其主持开幕仪式。安德逊大桥中间是双向车道，两侧是人行道，两端有装饰华丽的拱形铁门。安德逊大桥已经成为新加坡最重要的大桥之一，对缓解交通压力起到了巨大作用。

安德逊大桥是一座钢铁与石灰石完美结合的桥梁。无论是在晨曦中还是晚霞里，白色的拱形铁架总是舒展着优雅的身姿，让人感叹它的美丽。如今到新加坡的游人都会到安德逊大桥上参观。

图 11-2　安德逊大桥

11.2.3　薛尔思大桥

图 11-3　薛尔思大桥

薛尔思大桥坐落于新加坡中心,长 1.8km,是新加坡最长的大桥。薛尔思大桥于 1981 年建成通车,耗资 1.77 亿新加坡元,其名字源于新加坡第二任总统本杰明·亨利·薛尔思。大桥主梁为预制混凝土等截面连续梁结构,下部墩柱为 X 形桁架。

老穆说桥之十一：顺应世界科技发展趋势的新加坡城市桥梁 |

薛尔思大桥如今已经成为新加坡最上镜的地标建筑，也是观赏新加坡金融区风景线的最佳地点。大桥附近高楼林立，这座大桥巧妙地融入了这些城市建筑中。

11.2.4 双螺旋大桥

新加坡河上有一座十分新颖的双螺旋大桥，这也是反映世界科技发展趋势的一座桥梁。该桥于 2007 年 3 月底动工建造，2010 年 4 月开通。这座桥梁的设计师受 DNA 结构的启发，展现了"生命与延续、更新与成长"的设计理念。这座呈双螺旋结构的大桥，选定了双相不锈钢来建造双螺旋和支撑结构。

图 11-4 双螺旋大桥

双相不锈钢强度高，可使设计人员设计出重量轻、持久性好的钢结构。在新加坡湿热的海洋性气候下，采用耐腐蚀性能很高的双相不锈钢，可确保大桥在至少 100 年的设计使用寿命期间，做到维护率低且美观耐用。

11.2.5 爱琴大桥

爱琴大桥，俗称大马路桥，是横跨新加坡河的第一座桥梁，也是新加坡重建次数最多的桥梁。该桥从最早时的木桥，发展到铁桥、混凝土桥，至今已在同一地点重建了 5 次，桥名也从比森门桥、汤申桥改为今天的爱琴桥。爱琴桥上的圆形浮雕由意大利知名雕塑家雕刻而成，别具特色，深受人们喜爱。为了方便行人通行，1991年在桥的下方修建了两条通向桥南路的地下通道。爱琴桥附近环境静谧优雅，很多人都喜欢坐在桥头附近的凳子上静静地沉思或者捧一本书阅读，别有一番乐趣。

如今的爱琴大桥是一座钢架拱桥，跨径不是很大，但尺度适宜，美观大方。到了夜晚，大桥在各种灯光效果下色彩纷呈，更显优雅无比。

图 11-5　爱琴大桥

11.2.6　阿尔卡夫大桥

阿尔卡夫大桥坐落于新加坡商业中心区的罗拔申码头，是一座横跨新加坡河的人行天桥，于1998年建成通行。

阿尔卡夫大桥为钢桁架结构，造型如一艘大型木帆船，长55m，重230t。它原本是一座色彩灰暗的桥梁，来自菲律宾的女艺术家帕斯塔·阿巴德（Pacita Abad）及其助手大胆地采用现代夸张艺术手法，

图 11-6　阿尔卡夫大桥

老穆说桥之十一：顺应世界科技发展趋势的新加坡城市桥梁 |

对它进行了一番独具匠心的艺术化装饰。他们用了52种色彩、超过900L油漆将它装扮得绚丽多姿。阿尔卡夫大桥的新造型受到了市民的一致欢迎，被称为"新加坡的艺术之桥"，吸引了世界各地的游人前来参观游览。

11.2.7　若锦大桥

若锦大桥是一座别具创意的斜拉单铰钢管拱桥，也是罗拔申码头3座横跨新加坡河的人行天桥之一，于1999年建成通车。

若锦大桥四周环境优美，树木茂密，桥上是观赏美景的好地方，深受大家欢迎。若锦大桥本身更是极具现代美感，尤其是晚上，四周的灯光将其照射得如同即将落入新加坡河的月牙，光彩夺目，让人感叹设计师细腻的心思和别出心裁的创意。

图 11-7　若锦大桥

11.2.8　滨海大桥

滨海大桥是新加坡河上的一座公路桥梁，跨越新加坡河口，连接北岸的滨海艺术中心与南岸的鱼尾狮，于1994年开始建设，1997年建成通车。这座异型的V形刚构桥长260m，宽70m，双向各4条车道，两侧是人行道。滨海大桥上面供车辆和行人通过，桥下则为来来往往的船只提供便利，每天都是车来车往，游人不断。

图 11-8　滨海大桥

185

这座建于新加坡繁华地段的大桥也是人们最喜爱的景点之一，尤其适合晚上观赏。到了晚上，大桥上的路灯熠熠生辉，大桥下的桥拱呈现出鲜艳的红色，大桥两岸的建筑也闪烁着光芒，整座大桥与周围的建筑和谐地融为一体。如今，滨海大桥已成为新加坡青年男女谈情说爱的地方，很多情侣喜欢手牵手走在大桥的人行道上，一边散步，一边欣赏新加坡的美丽夜景，温馨而浪漫。

11.2.9 亨德森波浪人行桥

亨德森波浪人行桥是举世闻名的桥梁，总长274m。其桥身酷似上下起伏的波浪，动感十足。该人行桥采用钢拱支架，布满全桥的弧线"肋骨"均采用巴劳木板条制成，这种密实的硬木仅生长在东南亚，常用于重型建筑中。这种外形使桥梁上有多处贝壳状的休息区，游人可落座其中，欣赏周边的风景。因为有良好的私密性，又有许多休息空间，桥梁每逢周末便成为情侣谈情说爱、家庭携子出游和健身者慢跑的热门之地。全桥采用无障碍设计，没有梯级，设有扶手，桥面防滑，极大地方便了老人及行动不便者。每晚7时至次日凌晨2时，LED照明灯将人行桥照耀得光辉亮丽，令不少游客流连忘返。漫步于亨德森波浪人行桥，观赏种类繁多的热带动植物之余，还能饱览新加坡城市的迷人风景。

亨德森波浪桥也是新加坡最高的人行天桥，最高点离路面36m，相当于12层楼高的新加坡组屋。这座独特的桥梁，其桥身犹如后浪推前浪，有4个波峰和3个波谷，8m宽的桥身就在峰谷之间穿过。拱起的波峰也是遮篷，遮篷下设有长凳供游人休憩。桥身从花柏山向直落布兰雅山攀升，两端落差20m。

11.2.10 金禧大桥

金禧大桥是新加坡河畔最新的一座人行桥梁，它是为纪念新加坡独立50周年而建造的。该桥主梁采用变截面连续梁，横截面为V形；平面设计成弧形，象征鱼尾狮吐出的水柱。桥身中央同滨海大桥连接，桥面宽6m，是滨海大桥一侧人行道宽度的3倍，游客较多时，可以在这里找到观景的好位置。从远处眺望，金禧大桥显得简洁、舒展和美观。

老穆说桥之十一：顺应世界科技发展趋势的新加坡城市桥梁

图 11-9　金禧大桥

11.3　反映工业化发展水平的城市桥梁建设

11.3.1　工业化发展的新加坡城市建筑

与传统建筑方法相比，现代工业化建筑的建造方法具有很高的生产率。近些年来，新加坡十分重视建筑标准化和重复性实用程度，大大缩短了住宅的建造周期。

新加坡的建筑产业化是建立在标准化之上的，其建筑结构预制构件的大规模使用极大地降低了项目建造成本。但新加坡追求个性化的设计与标准化要求并无矛盾，其设计的"模数化"确保了这些屡获大奖的建筑项目有着合适的成本，也让新加坡装配式建筑生产与之相辅相成。政府积极推动建立基于模数化的标准化产品体系和设计规范，因地制宜，规定建筑层高、墙厚、楼板厚度的模数，以利于预制构件的设计生产，节约材料和生产耗时，并以法规强制推行，提高劳动生产效率。

新加坡大规模装配式建筑的发展，得益于其政府在公共组屋建设中大力推行建筑工业化，极大地鼓舞了装配式建筑企业对高水平系统的追求；而实行项目后评价，持续改进适合其国情的建筑工业化生产方式和建筑结构体系更是决定性的因素之一。新加坡政府通过长期对工业化建筑方法进行评估，基本采用预制混凝土组件并配合使用机械化模板系统，使得新加坡的建筑工业化稳步发展。新加坡开发出 15 到 30 层的单元化的装配式住宅，占全国总住宅数量的 80% 以上。这种住宅通过平面布局、部件尺寸和安装节点的重复性来实现标准化，以设计为核心实现施工过程的工业化，装配率达到 90%。

11.3.2　反映工业化发展理念的新加坡城市桥梁

近几十年来，与建筑行业的发展趋势相应，新加坡在常规城市桥梁的建造上，积极引进工业化发展理念，大力建造反映工业化发展理念的城市桥梁。详见 9.3.1 介绍。

老穆说桥之十二：日本现代桥梁的抗震设防

12.1 引　言

日本位于亚欧大陆东部、太平洋西北部，由北海道、本州、四国、九州4个大岛和其他6800多个小岛屿组成，因此也被称为"千岛之国"。日本陆地面积约37.79万km^2，人口约1.25亿（2021年统计）。

日本东部和南部为一望无际的太平洋，西临日本海、东海，北接鄂霍次克海，隔海分别与俄罗斯、朝鲜、韩国、中国、菲律宾等国相望，日本北海道有世界著名的北海道渔场。日本是一个经常发生火山爆发和地震的国家。譬如，1792年，日本境内火山爆发，致使1.5万人丧生；1923年日本关东大地震，夺走了13万人的生命，损失惨重。按照板块学说，日本列岛正好位于亚欧板块与太平洋板块交界处，太平洋板块比较薄，密度比较大，而位置相对低一些。当太平洋板块向西水平移动时，它就会俯冲到相邻的亚欧板块之下。于是，当亚欧板块与太平洋板块发生碰撞、挤压时，两大板块交界处的岩层便出现变形、断裂等运动，从而导致火山爆发、地震等。日本为世界上地震最多的国家之一，因而其建筑结构抗震研究（包括桥梁结构在内）一直走在世界前列。下面对日本两起典型现代桥梁抗震案例进行剖析，分析和探讨其遇到的问题及相关对策，并阐述相关启示和建议。

12.2 日本两起典型桥梁抗震案例分析

12.2.1 阪神大地震

阪神大地震是 1995 年日本时间 1 月 17 日清晨 5 时 45 分发生在日本神户的一场灾难，地震规模为里氏 7.3 级。震中在距离神户市西南方 23km 的淡路岛，该岛属日本关西地区的兵库县。该地震由神户到淡路岛的六甲断层地区的活动引起，属于上下震动型的强烈地震。神户是日本关西重要城市，人口密集（当时约有 105 万人），地震时间又在清晨，因此造成相当多伤亡（官方统计约有 6500 人死亡，房屋受创而必须住到组合屋的有 32 万人）。

日本自 1923 年关东大地震以来，在抗震工程领域取得了很大的成就，其结构抗震设计技术也达到了很高的水平。1995 年之前的二三十年里，日本屡次发生的大地震极少因结构本身破坏带来严重的人员伤亡或经济损失。然而，阪神大地震（正式名称为 1995 年兵库县南部地震）使房屋、桥梁等结构大量倒塌，直接或间接地造成 6000 余人死亡及巨大的经济损失。

日本自阪神大地震之后，更加关注抗震研究和成果的应用。

图 12-1 阪神大地震桥梁毁坏照片

12.2.2 东日本大地震

2011 年 3 月 11 日，日本发生了里氏 9.0 级地震并引发海啸，其震中位于北纬 38.1°，东经 142.6°，震源深度约 10km，属浅源地震，东京震感较强。据统计，自有记录以来，此次的 9.0 级地震是全世界第三高，1960 年的智利 9.5 级地震和 1964 年的阿拉斯加 9.2 级地震分别排第一和第二。

  这次地震缘于板块间垂直运动而非水平运动，后触发海啸，对日本一些海岸造成严重破坏，给太平洋沿岸带来威胁。美国地质勘探局学者布莱恩·阿特沃特告诉美联社记者，这次地震释放的能量"将近美国全国一个月的能量消耗"。同一机构的地球物理学家肯·赫德纳特说："依据美国国家航空航天局收集的资料，这次强震使日本本州岛向东移动大约 3.6m，使地球自转加快 1.6μs，地轴移动 6μm。"

  经过 2011 年东日本大地震，为解决高烈度条件下公路桥梁的抗震设计问题，日本相关部门参考与借鉴了以往成功的工程实践经验，进一步对日本规范的发展变迁进行研究。日本就其桥梁抗震规范中地震水平设计加速度进行深入的分析研究，并针对日本罕遇地震在抗震设计上做了一系列的改进。

图 12-2 东日本大地震桥梁毁坏照片

  日本的桥梁研究人员通过分析日本震后东北部主要国道上 400 余座抗震加固后的公路桥梁在东日本大地震中的震害情况，总结现代桥梁抗震设防和加固后的震害特点，进一步改进和完善抗震加固方法。其分析结果显示，约 9% 的桥梁有不同程度的结构破坏，大部分破坏发生在支座、限位装置、阻尼器与上下部结构的连接位置。在对结构局部进行抗震加固的同时，可能会在结构的其他位置造成新的相对薄弱部位。分析结果也显示抗震加固后的桥梁的另一个震害特点是局部加固后的构件在其未加固部位发生破坏。他们基于综合分析结果，在现代桥梁的抗震加固设计上提出了一系列建议，并取得了很好的效果。

12.3 日本的现代桥梁抗震研究

  日本地处环太平洋火山地震带的西缘，全球里氏 6 级及以上地震的 20% 都发生在这个岛国，平均每年有感地震达 1000 次。一直以来，如何提高现代桥梁的抗震性能是日本桥梁建设者面临的一道难题。

12.3.1 日臻完善的日本桥梁设计规范

（1）1886年（明治十九年），日本出台了第一部现代意义上的桥梁规范《桥梁筑造保存方法》。在此之后，几乎每次造成桥梁严重破坏的大地震都会促使日本政府修订桥梁抗震规范。例如，1978年宫城县地震促使1980年出版的桥梁设计规范开始考虑结构塑性变形能力，1995年的阪神地震使日本桥梁工程界提出了延性抗震设计和性能抗震设计。

日本的桥梁抗震设计以桥梁重要程度所要求的抗震性能为目的，将桥梁分为A类与B类，A类为一般重要桥梁，B类为特别重要桥梁（一般为高速道路、一般国道及紧急输送道路桥梁）。对于A类桥要求在设计基准期内在大概率地震作用下，桥梁不产生严重破坏，在出现小概率的大地震时桥梁不产生致命的破坏；对于B类桥要求在设计基准期内在大概率地震作用下不出现损害桥梁整体性的破坏，在小概率地震作用下仅产生有限的破坏，但不影响桥梁使用性能的迅速恢复。

日本桥梁设计权威依据是《道路桥梁设计规范》，共5册，每一册后面均附有对规范的解释。每一册均由相应的专门委员会负责编写。委员会由全国桥梁设计、施工方面的专家组成。根据世界桥梁的发展状况和设计、施工中反映出来的问题，基本上每年都再版修订一次，使规范不断丰富、不断完善，成为日本桥梁设计人员的得力工具。

（2）日本现代桥梁抗震设计方法主要包括：

①震度法：是一种弹性静力计算法，将水平地震动加速度峰值乘以结构的相应有效质量作为抗震设计的水平荷载，该方法用于第一级地震作用下的弹性设计。

②地震时保有水平耐力法（简称保耐法）：也是一种静力法，考虑结构的弹塑性变形能力，依据能量一定准则折算出等效的弹性强度。地震作用的考虑方式与震度法相同，但用于第二级地震作用下的设计和验算。该方法多用于单墩桥等结构形式简单的桥梁的抗震设计。

③动力反应分析法：以时程反应分析为主的动力方法，主要用于震度法和保耐法的设计结果的弹性和弹塑性验算，也可用于复杂结构的设计。对场地条件或结构形式较为复杂的桥梁，新规范要求要特别考虑桥梁系统整体的抗震性能。支座、防止落梁装置也要作为主要结构构件来设计。

（3）日本相关规范明确了桥梁复杂程度与抗震设计、验算的关系。上述三种设计验算方法应按桥梁复杂程度的不同而选择使用。对于结构形式较为简单的桥梁（如单墩高架桥等可以简化为单自由度体系的桥梁），主要采用震度法和保耐法来分别针对第一级和第二级地震作用进行设计。日本的大部分桥梁属于这一类。如桥梁形式较为复杂，但仍适用于静力法的假设，则抗震设计仍使用震度法和保耐法，但要求设计结果用动力反应分析方法加以验算，如有问题再对设计加以修改。对于斜拉桥、吊桥、拱桥等结构形式较为复杂且已不适于静力方法假定条件的桥梁，日本《新道示》要求以动力反应分析法直接进行设计，在初期确定断面大小及配筋等条件时可以震度法和保耐法作为参考。

（4）关于上部结构和基础的同步设计。修订前的规范只要求对上部结构（桥墩等）和基础单独进行设计，分别满足所要求的抗震性能即可。但《新道示》明确了桥墩和桩基的抗震强度的关系，原则要求桥墩的抗震强度要低于桩基，以保证大地震时上部结构先于桩基发生塑性破坏，减轻上部结构的惯性力对桩基带来的负荷。这一考虑主要基于阪神大地震的经验。地震后对桥梁上部结构的修复和重建，从金钱和时间上看都要小于基础的修复和重建。为满足以上设计要求，《新道示》要求对上部结构和基础进行同步设计。据从事设计的工程人员反映，这一要求使实际设计的业务量增加不少。

（5）关于隔震设计。《新道示》新增加了桥梁隔震的有关设计规定，但在规定上仍偏于保守。与普通桥梁相比，在进行隔震设计时，桥墩的变形性能将被减小一半，且规定地震长期作用的加速度不能低于 0.4g（Level 2）。这样的规定主要是考虑桥梁因隔震支座产生较大的位移，如和一般桥梁一样也允许桥墩有较大的塑性变形的话，整个桥梁体系将不够稳定。因此，对桥墩的变形量给予了限制，并给地震的作用规定了下限。目前，按现行的规范进行隔震设计，往往得不到更经济的设计结果。反过来讲，只是相当于把桥梁设计的抗震性能提高了，这也是《新道示》中争论较大的问题之一。

12.3.2　制定和实施严密的桥梁建设和施工规程

日本是一个非常注重制度管理和流程的国家，对不同类型的工作及事务都有十分详细明确的规定。日本的桥梁施工采用监督员和现场代理人制。监督员由建设部设在全国各地的建设处人员担任，属于国家公务员。由于公务员只需通过国家公务员考试，所以其专业知识不一定很强，主要是对现场代理人进行管理，因此一名监督员可以同时监督几个桥梁工地，负责审查由代理人呈报上来的各种材料，并依据施工管理标准签字生效。在管理标准中根据不同桥梁、施工特点，编制了不同的管理表格，内容极为详细，对施工的项目、需测定的部位、误差的大小等均有明确的规定，并有照片佐证。

工程监督人员根据管理标准去施工现场对某一环节加以验收。现场代理人则由施工中标公司自己根据工程费用多少委派不同级别的土木施工技术士担任，并经建设处批准。技术士资格考试每年举行一次，难度比较大，每年通过的人并不多，需要丰富的施工经验和管理经验。现场代理人负责桥梁施工的组织、计划和安排，并根据工程进度，完成各种报表，交由监督员审查。根据建设业法，监理技术士也可由现场代理人或由别的公司人员担任，均需有监理资格证，但所做的一切，最终由监督员认可方能生效。

日本桥梁施工管理的另一个特点是施工的照片写实管理，其工程照片包括施工前的现场准备、施工过程、安全管理、使用材料、质量管理及其他（公害、环保等），并且对照片的尺寸、需拍摄的项目、位置、时间、次数等均有明确的规定。同时，在需拍摄的部位还要有一块小黑板，标明工程总名称、分项工程名称、测点位置、设计值、实测值及略图等，看起来很直观，既方便了以后的检查，也避免了弄虚作假。

12.3.3 具有世界先进的现代桥梁建设理念

（1）日本桥梁设计人员非常注重桥梁的实用性和简洁美，以结构为主，并辅以适当的修饰，设计成为与自然和谐统一的景观。重视桥梁设计建设中对自然环境和社会环境所产生的影响，运用全寿命周期效益分析方法，力争使每座桥梁都能做到功能适用性、环境协调性和结构安全性的高度统一。

（2）针对台风、地震等恶劣环境因素，日本桥梁设计人员采用先进的抗风、抗震设计方法，通过充分的模型试验和工艺研究，保证大桥抵御自然灾害的能力。目前，日本高架桥中的多层桥多（一般3—4层，有的5层以上）、高桥多（高度有的达50m以上）。为在地震时避免直接和间接次生灾害的产生，日本桥梁设计人员都做了抗震考虑，其抗震的等级都比较高。对大跨径的桥梁（如悬索桥、斜拉桥）进行了特殊的动力分析，如地震时程分析、耐风振的模型试验等等，以确保安全畅通。

（3）日本非常注重知识积累和成果共享，在很大程度上实现了资源和成果的全国性共享，使得研究工作的效率和效益得到极大提高，有利于技术的进步和发展。很多有代表性的桥梁都运用先进的声光与数字电子技术建立了"桥梁博物馆"，包括抗震知识和桥梁抗震研究成果，集工程经验总结与推广、技术交流、科普教育、旅游观光等多项功能于一体，将高深的桥梁建筑技术生动形象地展示给普通民众，起到了提高国民素质、振奋国民精神的特殊作用。

（4）世界桥梁工程界给予了日本桥梁以精细、高效、耐久的美誉，但是日本桥梁建设者仍在不断研究探索新的桥梁设计建造技术，特别是现代桥梁抗震设防技术。日本道路协会桥梁委员会发布的《次期道路桥示方书改定的方针》中指明了下一阶段日本桥梁设计的发展方向：继续推进现代桥梁抗震设计的性能规定化进程；新材料、新技术、新理论的导入；示方书体系的阶层化；与海外先进抗震设计基准相调和，推进设计基准国际化；建立高龄化道路桥的维修管理体系。

12.3.4　现代桥梁的地震破坏机理分析与倒塌仿真的研究

日本相关研究人员积极开展钢筋混凝土桥梁的地震破坏机理分析与倒塌仿真的研究，其研究热点为建立可描述钢筋混凝土破坏全过程的本构关系和计算方法以及材料发生断裂后倒塌过程中的大变形、不连续、碰撞问题。其研究工作采用了扩展的离散有限元方法，取得了初步的成果。其研究工作报告主要有以下内容：

（1）将结构的地震反应划分为破坏前和破坏后两个阶段，分别按连续和非连续介质考虑。破坏前或连续介质阶段仍采用传统的有限元方法，破坏后或非连续介质阶段采用扩展离散有限元法。目前对结构倒塌过程做定量的描述还十分困难，该阶段的计算目标为仅对结构倒塌做定性的描述，其本构关系可以十分简练，同时考虑了碰撞、接触等问题。

（2）采用了平面单元和双轴的钢筋混凝土弥散裂缝本构关系模型，较好地描述钢筋混凝土开裂前后的双轴弹塑性动力滞洄特性。由于本构关系建立在全应力和全应变而非其增量的基础上，模型可很好地描述材料破坏的全过程以及包括剪切破坏在内的各种破坏形态。

（3）为避免程序开发时的重复性工作，选用了大型工程计算软件 ANSYS 作为平台，进行二次开发以达到目的。

12.4　相关启示

（1）应进一步加强城市桥梁减隔震的专题研究，引入新的创新理念和运作机制，积极开展城市桥梁的创新工作，努力提高桥梁工程建设的质量；提高桥梁结构的延性，确保桥梁结构的受力更均匀、性能更稳定，从而避免或减轻自然灾害对桥梁结构的破坏，以实现城市桥梁的安全、耐久和美观。

（2）借鉴日本在大地震后的成功做法，对我们近些年发生的特大地震灾害造成的城市桥梁垮塌案例，本着科学、客观、公正的态度，汲取经验和教训，防微杜渐，积极开展桥梁减隔震技术的科学研究，通过共同努力，使我国城市桥梁的风险损失降至最低。

（3）在最近50年间，日本建造了许多现代大跨径城市桥梁，如明石海峡大桥和濑户大桥等，在满足桥梁抗震设防的前提下，其结构设计特点主要表现为以下两个方面：一是在结构选型上因地制宜，以发挥该种结构的综合优势为主，既有悬索结构又有斜拉结构，既有拱式结构又有梁式结构；二是在跨径的确定上，并非单纯追求跨径上的新突破，而是将创新性、耐久性和经济性统筹考虑。

（4）日本桥梁设计人员认真总结以往特大地震带来的灾难性破坏，非常注重现代桥梁安全、实用和简洁美，其桥梁设计以结构为主，并辅以适当的修饰，创造出与自然和谐统一的景观。他们重视桥梁设计建设对自然环境和社会环境影响的评价与论证，运用全寿命周期效益分析方法，力争使每座桥梁都能做到功能适用性、环境协调性和结构安全性的高度统一。

（5）在施工组织方面，在先进的抗震设防理念的指导下，日本桥梁施工一般采用结构预制化、工厂化、专业化；大力实施施工机械化和设备大型化，桥梁构件的设计尽可能简单化和预制化，便于加快施工进度、控制工程质量，并节约昂贵的人力资源。同时，重视施工组织设计，特别是施工计划安排及进度控制。施工工序的安排多采用流水作业，以提高工作效率，保障施工进度。

12.5 相关建议

（1）日本作为世界上地震频发地区之一，凭借其雄厚的经济科研实力和丰富的抗震经验，在现代桥梁设计建造方面建立了一套较为完备的抗震理论和方法，并融合了世界最新的桥梁抗震理念和研究成果。日本的相关规范采用了较为先进的抗震设计理念，值得借鉴学习。我们应认真查找我们与先进国家在抗震设计理念及科学研究上的差距，扬长避短，迎头赶上。

（2）针对中国建于高烈度地震区的桥梁可能遭受地震破坏的情况，应修改和完善相关桥梁抗震规范，充分认识抗震设防的基本理念。抗震设防的目标是

"小震不坏、中震可修、大震不倒"，即按多遇地震进行抗震设计，按罕遇地震对桥梁进行多水准设防。一般情况下进行抗震设计，应按地震动峰值加速度和地震动反应谱特征周期进行抗震验算，并按抗震设防烈度要求采取相应的抗震措施。

（3）借鉴日本的成功做法，在现代桥梁设计中应注意"长桥高墩"，特别是设置有伸缩缝的相邻联桥墩，不仅要将主梁支承长度取值放大一些，还需要设置主梁限位装置。根据国外相关规范以及中国《公路桥梁抗震设计规范》，合理设置纵向防落梁构造，并注意限位装置不得有碍于防落梁构造的发挥。

（4）中国许多地区处于地震多发区，对已经修建的桥梁，应根据先进的设计思想对其进行抗震性能评价，并结合评价结果考虑相应的抗震加固措施。譬如，支承连接件不能承受桥梁上、下部结构产生的相对位移时，可能会失去相应的作用，导致梁体坠毁，应定期对桥梁支座、伸缩缝等连接构件进行维护。可将挡块、连梁装置等安装于伸缩缝等上部接缝处，并安装限位装置于简支的相邻梁间，可为耗散作用于结构的地震能量增加相应的耗能装置等。

（5）应充分认识现代桥梁工程的隔震、减震、消能控震都是"以柔克刚"抗震的科学办法，这也是未来的发展潮流，其效果远远好过加粗柱子"硬抗"。目前，中国在建筑的抗震设防方面，抗震烈度定得偏低。如日本设计基本地震加速度为 0.3g，而中国的设计标准才 0.1g。偏低的原因是中国近几十年经济才发展起来，原有的一些标准偏低，已不适应桥梁安全、耐久和创新的发展要求，因此，必须尽快提高相关桥梁设防标准，以更好地抵御大地震。

（6）应加强与国际同行的交流，积极关注国际上桥梁抗震领域的发展趋势，相关科研院所应及时了解和搜集国外的最新科研成果，开展国内外的学术交流活动，大力促进我国现代桥梁抗震领域的技术进步，推动我国城市桥梁建设的可持续发展，朝着打造世界桥梁强国的目标迈进。

老穆说桥之十三：
城市桥梁减隔震技术的创新与发展

13.1 引 言

我国处于环太平洋和北半球自然灾害的交汇地区。由于幅员辽阔，气候与地貌条件复杂，我国是世界上自然灾害最严重的国家之一，且处于两大地震带——欧亚地震带和环太平洋地震带之间，是强震的高发国家。地震对我国城市桥梁造成的破坏极大，特别是近些年来地震灾害频繁发生，几起特大地震（如四川汶川地震、青海玉树地震等）给人民群众的生命安全和财产带来巨大伤害。

2007年，建设部发布了《关于加强建设系统防灾减灾工作的意见》，提出要积极做好防御和减轻地震、气象灾害等多种自然灾害的工作，关注城市生命线工程（包括城市交通、城市桥梁）的安全。

四川汶川地震后，我国修订了《公路桥梁抗震设计细则》，明确桥梁构件采用两阶段设计和两水平设防的方法。即第一阶段的抗震计算与设计，采用传统的弹性力学方法；第二阶段的抗震设计，允许桥梁墩柱、结点等构件通过变形、位移来耗散地震的能量，将力的能量转换为位移，这是从"以抗为主"向"抗放结合"设计理念的重大变化。同时，城市桥梁的抗震问题日益受到各方面的重视，随着人们对地震效应的逐步认识，桥梁的抗震设计在诸多方面有了新的发展，而桥梁的减震、隔震技术亦是桥梁抗震设计和建设的主要内容之一。

13.2 城市桥梁减隔震的内涵和理念创新

13.2.1 内涵诠释

减震隔震的内涵是：通过隔震、减震装置将结构最大限度地与地震时的地面运动或支座运动分隔开，从而大幅减少传递到上部结构的地震作用。在满足正常使用要求的情况下，这种分离或解耦是通过增加系统的柔性和提供适当的阻尼来实现的。隔震与耗能减震技术是目前为止性能最为稳定且最有效的控制技术之一，以往采用隔震及耗能减震技术的桥梁工程结构，经受住了强烈地震的考验，也证实了这种被动控制技术的有效性。

13.2.2 近年来桥梁减隔震技术的理念创新

20世纪60年代以来，城市桥梁减隔震技术在西方发达国家发展得比较迅速，且以隔震、耗能减震技术为引领。新西兰在1973—1993年间，共有48座桥梁应用了桥梁减隔震技术；美国第一次采用隔震系统是在1979年，并在其抗震规范中有了明确的规定，摩擦摆式减震、隔震支座由美国地震保护体系（EPS）公司于1985年研制而成；日本的桥梁，除一座桥梁采用了高阻尼橡胶支座外，其他桥梁橡胶支座均采用新型减隔震技术。

通过这些技术创新，尤其是减隔震技术在实际桥梁结构中的应用，一方面提高了桥梁结构的抗震性能，另一方面降低了整个工程的造价，延长了桥梁结构的使用寿命。北美、西欧地区的国家和日本都在研究和生产高阻尼橡胶支座，用于桥梁的减震、隔震，这类支座的阻尼比可以达到0.15左右。

我国目前常见的桥梁减隔震方法，在理念上的创新主要包括：

一是采用隔震支座（聚四氟乙烯支座、叠层橡胶支座和铅芯橡胶支座等），在梁体与墩、台的连接处增加结构的柔性和阻尼，以减小桥梁的地震反应。

二是采用减隔震支座，桥梁结构的梁体通过支座与墩、台联结的方式对桥梁结构的地震反应有很大的影响，在梁体与墩、台的联结处安装减隔震支座能有效地减小墩、台所受的水平地震力。

三是采用隔震支座和阻尼器相结合的系统。利用桥墩在地震作用下发生弹塑性变形耗散地震能量以达到减震的目的，充分利用了桥墩的延性抗震。

目前，我国桥梁减隔震产品的主要类型有：橡胶隔震支座、滑移隔震支座、板式橡胶支座、盆式橡胶支座、球型抗震支座等。

13.3 我国桥梁减隔震技术和装置研究

我国在桥梁减隔震技术的应用上，重点研究在突发强震中如何采取一种安全有效、合理、经济的结构体系来确保桥梁结构的安全，这是桥梁工程领域的重大课题，对有效减轻地震灾害有着十分重要的意义。人们在长期抵御地震灾害的过程中，积累了丰富的经验，桥梁抗震技术已从传统、被动的抗震方法向主动、积极的减震隔震方法过渡。

13.3.1 桥梁减隔震技术和装置

（1）刚性连接装置。刚性连接装置是桥梁减震隔震装置的一种形式，通常限制装置的一个或多个方向的位移，原则上它们不应该具有任何水平方向的变形性能。常用的刚性连接装置可以分为永久连接装置、熔断保护装置和临时（动态）连接装置。

（2）弹塑性钢阻尼装置。弹塑性钢阻尼装置又称钢滞变阻尼器或软钢阻尼器，主要是利用金属在进入塑性状态后具备良好的滞回特性，并在塑性滞回变形过程中吸收大量能量的原理制造的一种减震装置。这种装置具有形状设计自由、易加工、维修费用低等优点，同时还具有阻尼特性稳定、阻尼比受温度影响小、阻尼比高等优点。依照耗能时的主要受力状态，可以将其划分为扭转型、剪切型和弯曲型等。以往的理论和工程实践表明，阻尼器在设计时应限制地震的循环应变范围，确保有能力抵抗若干次地震和至少一次的极限地震。目前常用的弯曲型弹塑性钢阻尼器有 E 形阻尼器、弧形钢阻尼器和短臂钢阻尼器等。

（3）高阻尼橡胶装置。高阻尼橡胶支座由上下连接钢板、高阻尼橡胶板和加劲钢板组成，其结构形式与普通板式橡胶支座相同。支座和梁体及墩台采用连接钢板连接。高阻尼橡胶支座的弹性刚度随着变形大小而变化，变形大则刚度小，变形小则刚度大，呈非线性状态。高的初期刚度可以取得良好的抵抗风荷载的制动功能。而地震来临时，由于变形大时刚度小，则又可以产生较好的隔震效果。在过大的变形发生时，橡胶的硬化现象会使其刚度进一步增加，可控制上部结构过大的变位效果。这种装置具有承载能力、恢复力和阻尼三合一的功能；在大地震后，也不会产生残余形变，且支座特性变化小，无需更换；对于风荷载和地震作用产生的振动可以发挥隔震作用等。

（4）摩擦摆式隔震装置。摩擦摆式隔震支座，其本质也属于摩擦阻尼支座，但它依靠两个曲面的摩擦来实现支座的正常功能。摩擦摆式隔震支座的原理比较简单，支座的下支座板是个较大半径的凹球面，桥面支撑在上面，地震时，桥面与桥墩发生相对位移，支座中心部分的摆动球面板沿凹球面发生摆动，该体系的运动方程近似于一个质量相等的钟摆运动，钟摆长度为曲率半径。这样，利用一个简单的钟摆机理延长了下部结构的自振周期，以减小地震力的作用。在支座的运动中，重力的竖向升高使得动能转化为势能，消耗了地震能量。这种支座还具备一定的复位能力。目前，摩擦摆式、隔震支座已在桥梁结构和房屋建筑中广泛应用。

13.3.2　桥梁减隔震支座的类型

桥梁的抗震、隔震支座装置，是在桥梁遭受地震作用时有效保护桥梁正常使用的关键性部件。性能优越、抗震性能出色的支座，可以更有效地保证桥梁的安全。

（1）橡胶隔震支座。橡胶隔震支座由多层橡胶和多层钢板或其他材料交替叠置组合而成。对应不同桥梁的要求，橡胶隔震支座可以有不同的叠层结构、制造工艺和配方设计，以满足所需要的垂直刚度、侧向变形、阻尼、耐久性等性能要求。

（2）滑移隔震支座。包括石墨垫层滑移支座、不锈钢板滑动支座和聚四氟乙烯滑动支座。这类支座没有明确的自振周期，对各频段的地震波都不敏感，对各类场地地震波都有隔震效果。这种支座的剪力位移滞回曲线为强非线性库仑摩擦曲线，能激起结构的高频反应。由于支座本身不具位移恢复能力，隔震层最大位移和残留位移可能较大，一般要和其他恢复力装置配合使用。

（3）盆式橡胶支座。盆式橡胶支座是钢构件与橡胶组合而成的新型桥梁支座，与同类的其他型号盆式支座和铸钢辊轴支座相比，具有承载能力大、水平位移量大、转动灵活等特点，且具有重量轻、结构紧凑、构造简单、建筑高度低、加工制造方便、节省钢材、降低造价等优点，是适合大跨桥梁使用的较理想的支座。此系列支座承载力分31个级别，承载力为0.8—60MN，能满足大型桥梁建造的需要。

（4）球型抗震支座。这种支座可万向转动、万向承载，能很好地满足上部结构各种荷载（如恒载、活载、风、地震力等）所产生的反力的传递、转动、移动等要求；可按照客户要求生产加工。球型抗震支座可承受拉、压、剪（横向）力，在巨大的随机地震力作用下，只要上下结构本身不破坏，就不会发生落梁、落架等灾难性后果（一般来说，支座是个薄弱环节，在强大的地震力作用下，极易发生落梁或落架，而此种支座的强度和延性均高于结构本身），故特别适用于高烈度地震区的设防，具备抗地震烈度Ⅸ度的能力。

（5）地震防落梁装置。在地震地区，许多桥梁都是梁体下落导致桥梁结构损坏，为防止上部结构的下落，应设置防落梁体系。该装置由防落梁装置、梁体支撑长度、位移限制构造等构成。在采用钢支座时，一般应设置防落梁装置；在采用橡胶支座等可变形支座时，应设置防落梁装置和位移限制装置。防落梁装置应该具有如下功能：在保证正常使用的情况下，遇地震支座破坏时，防止梁体掉落地面，支撑梁体保持在适当高度上。

13.4　减隔震支座在我国桥梁中的创新应用

随着我国各地桥梁建设的快速发展，桥梁抗减隔震的技术和装备也得到全面发展。发展桥梁减隔震支座，旨在提高桥梁的抗震能力，它包括：支座的上锚碇板组件、下锚碇板组件、与上锚碇板组件固定连接的上滑动板组件、与下锚碇板组件固定连接的下滑动板组件，以及分别设置在支座两侧的两个速度锁定器。上下滑动板组件通过导轨组件形成滑动配合，上下滑动板组件分别与速度锁定器的缸体和活塞固定连接，速度锁定器的作用方向与导轨方向平行。这种支座的作用效果是，当地震等因素产生比较大的震动时，能够有效地分散荷载，使得桥梁结构的受力更均匀、性能更稳定，从而避免或减轻自然灾害对桥梁结构的破坏。

13.4.1　双曲面球型减隔震支座

近年来，我国科研人员研制了新型球型桥梁支座，即双曲面球型减隔震支座。这种支座主要应用于城市立交桥、公路桥梁、铁路桥梁及城市轨道交通桥梁等领域，也可应用于有减隔震要求的其他建筑工程。

双曲面球型减隔震支座的技术创新点主要体现在：一是设计采用了上下不同半径的两个球面，既可保证支座正常的转动和滑移功能，又能实现抗震刚度要求，达到减震效果；二是支座摩擦副由填充聚四氟乙烯复合夹层滑片与不锈钢板组成，具有承载力大、耐久性好等特点，并可根据使用要求对摩擦因数进行调节；三是该产品竖向承载力为 1000—80000kN，滑动摩擦因数 $0.02 \leqslant \mu \leqslant 0.03$，既可保证支座的正常转动和滑移，又增强了阻尼和耗能作用，上述技术创新均为国内首创。双曲面球型减隔震支座于 2004 年 6 月通过省级技术鉴定，并获得了国家专利。该产品具有自主知识产权，其

13 – 1　双曲面球型减隔震支座

技术水平达到了国际先进水平，填补了国内空白，并在我国城市桥梁和公路桥梁建设中得到推广应用，如苏通长江公路大桥、广东佛山平胜大桥、上海长江大桥、福厦线乌龙江大桥等项目，解决了这些重大桥梁工程的抗震问题。

13.4.2 新型抗震支座的应用

新型抗震支座已成功应用于湛江海湾大桥及连接线一期工程。这个项目是广东省继虎门大桥之后建成的规模最大、技术含量最高的桥梁工程，地处我国台风最强、雷暴最大、海水腐蚀最严重的雷州半岛海域，大桥被列为广东省交通运输厅科技示范工程。大桥工程技术难度大，施工非常艰巨。为提高大桥抵御8级地震的能力，设计了新型抗震支座，即在主塔与钢箱梁之间安装国际先进的抗震支座。该支座在大地震发生时，可将钢箱梁与主塔的连接由半漂浮状转变为固定连接，提高抗震能力，这也是该技术在广东地区的第一次应用。

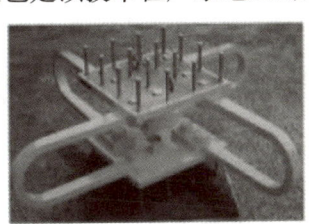

a)抗震球型钢支座　　　　b)抗震支座预埋件　　　　c)广东湛江海湾大桥

图 13 – 2　抗震支座及应用

13.4.3 新型减震支座在城市高架桥中的应用

2003年，北京地区在五环路红山口高架桥上成功应用了新型减震支座。该桥以ANSYS大型动力分析有限元软件作为结构计算工具，使用间隙元等巧妙单元对设置减震支座桥梁的减震效应进行了非线性动力时程计算分析，并提出了减震支座设计的具体参数。为实现减震支座的设计思想，必须在构造上采取相应的构造措施。该桥支座盖板与主梁垫石通过主梁深入的锚栓锚固在一起，垫石布置两层钢筋网，支座底箱周边与墩顶4cm厚的预埋钢板焊接，预埋钢板下焊接预埋粗钢筋，并在预埋钢板底下采用抵抗局部承压的钢筋网。支座内部靠板簧来提高刚度，只受压不受拉的板簧适度与底箱进行限位，板簧和支座核心之间留有可满足因温度等产生伸缩自由变形的间隙。

红山口高架桥大跨度震型的空间震动特性使其在横向上表现出不完全按刚度分配地震力的特性。设置限位减震支座后，桥面和墩柱间的相对位移大大减少，地震力的降幅也比较明显。在结构计算分析中,将最不利控制墩的横纵向力予以适当降低,不仅控制了桥梁的相对位移,还使地震力降低到墩柱的最大配筋能力所能承受的范围以内。该类型减震支座在经济上可取、构造上可行、施工上方便,具有良好的减震作用,尤其适用于地震力控制设计的大跨度桥梁。

13.4.4 新型减震支座在跨海大桥中的应用

新型桥梁减震支座是设有减震器且具有减震和抗震功能的支座。减震器分为油压减震器和橡胶减震器,其机理主要是利用液体介质的黏滞性或橡胶的弹性所产生的阻尼力来减小地震力的影响。目前,国内桥梁采用的减震技术,大致集中在以下两类:一类是延长结构周期,同时采用消耗地震能量的隔震装置来提高结构的抗震性能,如铅芯橡胶隔震支座、摆式滑动摩擦支座等;另一类是利用耗能装置来消耗地震能量,达到改善桥梁结构局部关键部位的抗震性能,如黏滞阻尼器。实用的减震方法是增加结构的柔性以延长结构的自振周期,从而减小由于地震产生的地震荷载和增加结构的阻尼或能量耗散能力,以减小地震引起的结构反应。

我国长大桥梁的建设成就举世瞩目,已经建成一大批结构复杂、设计和施工难度大、科技含量高的长大桥梁。这些长大桥梁的特点是空间尺度大,跨越范围广,所处环境复杂。我国大部分地区为地震区,尤其华北和西部地区多为强震区,地震活动频繁。因此,我国长大桥梁面临潜在的地震破坏威胁。长大桥梁是生命线工程,建设成本高,一旦遭到地震破坏,将导致巨大的经济损失,且震后修复极其困难。近年来几次强震灾害表明,即使经过抗震设计,地震中桥梁仍会发生严重破坏,究其原因是尚未全面掌握桥梁的抗强震机理。中支座板为球型支座,包括转动球面、滑动平面,转动球面连接固定于中支座板上部的球面结构上,滑动平面连接固定于中支座板下部的平面结构上。这种新型减震支座的防落梁具有弹塑性,防止梁体从支座上横向脱落,还具有横向的减震耗能能力,而且结构简单,安装方便,便于现场安装。其安装特征在于:包括防落梁装置、轨道、桥梁支座,桥梁支座包括上支座板、中支座板、下支座板,各支座板依次连接固定;轨道连接固定于下支座板上;防落梁装置一端连接固定于上支座板,另一端插入轨道内。浙江杭州湾跨海大桥使用了这种支座,港珠澳大桥也应用了新型减震支座。

13.5　相关对策和建议

（1）应充分认识城市桥梁抗震特别是减隔震问题的重要性，积极应用最新的科研成果，并通过各类工程和非工程措施，节约建设费用，缩短建设工期，提高我国城市桥梁建设的正常使用能力和结构的耐久性。

（2）应进一步加强城市桥梁减隔震的专题研究，引入创新理念和新的运作机制，积极开展城市桥梁的创新工作，努力提高桥梁工程建设的质量；提高桥梁结构的延性，确保桥梁结构的受力更均匀、性能更稳定，从而避免或减轻自然灾害对桥梁结构的破坏，以实现城市桥梁的安全、耐久和美观。

（3）对以往出现的地震灾害造成的城市垮塌案例，本着科学、客观、公正的态度，汲取经验和教训，防微杜渐，积极开展桥梁减隔震技术的科学研究，通过共同努力，使我国城市桥梁的风险损失降至最低。

（4）应在准确、细致的灾害调查基础上，为建立安全、合理的防灾设计体系提供科学依据。加强对桥梁结构的安全防护与监测、环境保护与节能、新型建筑材料的开发与推广以及网络化监测与控制等领域的开发研究。积极开展相应的科研工作，高等院校、科研机构应和从事城市桥梁建设的设计、施工、监理和建设方密切结合，共同推进我国城市桥梁风险评价领域的发展。

（5）应总结近年来国内特大地震的经验和教训，根据震害对桥梁结构所造成的损失情况及分析结果，适当调整我国的地震区划，适当提高我国结构抗震设防标准；专题研究城市桥梁的设防标准，提高城市桥梁抗御灾害的能力，进而避免和减轻重大的地震灾害。

（6）针对我国城市桥梁基础性工作较薄弱的特点，应尽快建立桥梁风险评价基础资料数据库，包括桥梁事故、灾害实例数据库等，进而加强对自然灾害风险（如风暴、潮流及波浪灾害风险，暴雨及内涝、地震及海啸风险，雷击风险等）和意外事故风险（不可抗力）等的深入研究。

（7）加强与国际同行的交流，积极关注国际上桥梁减隔震领域的发展趋势，及时了解和收集国外的最新科研成果，开展国内外的学术交流活动，大力促进我国城市桥梁建设的技术进步，推动我国城市桥梁建设的可持续发展。

老穆说桥之十四：
城市桥梁垮塌的案例分析及对策研究

2010年前后，我国相继发生一批城市桥梁垮塌事故，造成人员伤亡和财产损失。在关注到桥梁工程建设（前期规划、设计、施工、监理、运营和养护）中出现的非正常设计和非正常施工、车辆严重超载，以及工程运营使用过程中出现的病害、极端气象、地质自然灾害等所造成的桥梁垮塌的惨剧之后，桥梁建设工作者更应严格执行工程建设程序，遵守相关法律和法规；同时，亦应采取客观、积极和科学的态度，认真总结以往事故的经验教训，从更高的视角积极探讨我国城市桥梁的性能设计和延性设计的新理念，通过采取技术、工程和管理方面的相关对策和措施，减少城市桥梁的垮塌事故，尽量减少人民生命财产损失。因此，笔者就部分城市桥梁垮塌的成因谈谈自己的看法，并提出相关对策建议。

14.1 我国城市桥梁垮塌的典型案例分析

14.1.1 案例1——湖南岳阳余坪大桥坍塌事故

2012年5月12日凌晨1时至上午7时，湖南省岳阳市平江县连续6个小时内普降特大暴雨，降雨量平均在150mm以上，最多达209mm，导致平江发生百年一遇的特大山洪灾害。连接余坪乡与梅仙镇的余坪大桥的桥墩被巨大的山洪、从上游冲下的3艘挖砂船及树木等各类漂浮物撞击。大桥桥体主要被从上游金田沙场漂

图 14-1 湖南岳阳余坪大桥倒塌

老穆说桥之十四：城市桥梁垮塌的案例分析及对策研究 |

下来的挖砂船撞伤。大桥垮塌部分长 120m，宽 5m。

14.1.2　案例 2——南京城市快速内环西线桥梁钢箱梁倾覆事故

2010 年 11 月 26 日，南京雨花台区小行地铁站，城市快速内环西线南延工程四标段在 B17-B18 钢箱梁防撞墙施工时，钢箱梁发生倾覆，导致中铁二十四局江苏公司 7 名施工人员随倾覆钢梁一同坠落（高度约 10m），经抢救无效死亡，桥下另有 3 人受伤。事故发生后，南京公安、消防及医院救护车迅速赶赴现场开展救援，消防部门动用生命探测仪进行搜救。交警在现场疏导交通，为救援车辆开辟绿色通道。此次桥梁钢箱梁倾覆事故原因为施工组织不力。

14.1.3　案例 3——浙江上虞立交桥引桥坍塌事故

2011 年 2 月 21 日，浙江上虞市县道南春线 7K+966 春晖互通绍兴至宁波、台州方向上引匝道发生坍塌事故。事故发生的主要原因是运煤车队载货汽车严重超载，坍塌总长度达 120m，最高落差 7m。事故造成桥上 4 辆货车侧翻，3 人受伤。据悉，上虞相关部门在公证处参与下，对侧翻车辆、所载货物进行了称重，结果显示 4 辆车中有 3 辆大大超过 55t 的标准。

14.1.4　案例 4——天津津晋高速公路某匝道桥坍塌事故

2009 年 7 月 15 日凌晨 1 时 33 分，津晋高速公路港塘收费站 800m 外匝道桥坍塌，5 辆载货车坠落，造成 6 人死亡、4 人受伤。此次事故的直接原因是：在单车道的 A 匝道桥上，为避让前方逆行车辆，3 辆严重超载车辆密集停置并偏离行车道，车辆外轮距离右侧护栏内缘小于 1m，形成巨大偏载，引起桥梁梁体向右侧倾斜，最终导致桥梁倒塌。越来越多的人认识到，一方面，超载会使桥梁疲劳应力幅度加大、损伤加剧，甚至会出现一些超载引发的结构破坏事故；另一方面，超载造成的桥梁内部损伤不能恢复，将使得桥梁在正常荷载下的工作状态发生变化，从而可能危害桥梁的安全性和耐久性。在非正常使用荷载作用下，本来不该开裂的结构产生裂缝，或本来较小的裂缝成为超出规范允许的裂缝或产生较大的变形。这些

14-2　津晋高速某匝道桥坍塌

都会对结构的长期使用性能和耐久性产生不利影响。

14.1.5 案例5——河南义昌大桥桥面坍塌事故

2013年2月1日上午9时左右,一辆装载烟花爆竹的货车自西向东行驶在连霍高速公路河南三门峡渑池段741km处的义昌大桥上时突然发生爆炸,导致义昌大桥南半幅被全部炸毁。经事故调查组认定:生产厂家违法生产、违规包装、违规运输导致运输烟花爆竹车辆爆炸,引起桥面坍塌,造成多辆车辆坠落。这是严重非法违法生产和运输行为导致的一起重大责任事故。

河南义昌大桥全长208.04m,桥梁的桥面距离地面垂直高度是37.71m,上部为预应力混凝土T形梁。大桥于2001年底建成

图14-3 河南义昌大桥垮塌

通车,该桥梁运行12年间,从未出现任何质量问题。2011年底对该桥进行检测时,结论是一切正常。在我国现行标准中,对桥梁设计和施工的防震、防洪等都有要求,但未对防爆炸进行要求。因为一座桥梁遇上爆炸的概率很低,此外,如果增添防爆性能,桥梁建造成本将会成倍增加。基于巨大的经济成本和较低的爆炸发生率,我国桥梁一般不考虑防爆炸,所以因为爆竹爆炸,北侧外边的两道翼板裂了两道缝,约10m长,最终导致多跨桥梁倒塌。

14.1.6 案例6——阳明滩大桥倒塌事故

2012年8月24日5时,哈尔滨阳明滩大桥工程发生了三环路群力高架桥洪湖路上行匝道倾覆事故。这是一起特大道路交通事故,造成3人死亡、5人受伤。事故的直接原因是货车严重超载(总超载为293.265t,车货总重为485.185t)。超载车辆擅自改变机动车外形和技术数据,在121.96m的长梁体范围内同时集中靠右侧行驶,造成匝道钢混连续叠合梁一侧偏载受力严重超载荷,导致匝道倾覆、车辆翻落至地面。事故的间接原因有三条:一是事故车辆经过其管辖路段,当地执法人员被抽调致使路政巡查工作出现疏漏;二是沿途的检查站均没有对3台事故货车进行处罚;三是沿途的检查站也没有按规定采取卸载措施。

208

频发的各地桥梁倾覆事故，凸显出在实际桥梁运营中存在的两大难题：一是车辆的严重超载；二是道路拥堵，车辆超载对桥梁的损害十分严重，而道路拥堵时，载质量较大的货车又往往会按习惯靠右行驶，使得桥梁处于最易发生倾覆的受力状态，极易发生事故。解决这两大难题是一个长期的过程，不能一蹴而就，应在桥梁设计中，对影响桥梁倾覆和稳定性的因素进行系统分析，并通过一些局部构造措施来提高桥梁结构的安全性能。

图 14-4　哈尔滨阳明滩匝道桥垮塌

14.2　桥梁垮塌的成因分析

14.2.1　主要成因分析

14.2.1.1　从风险评价分析

近些年来，国内许多专家、学者对造成城市桥梁垮塌的成因进行了充分的分析，笔者也发表了相关的论文。笔者认为，首先应从防灾减灾方面进行成因分析，主要分为四个方面：

一是在城市桥梁可行性研究阶段进行风险评价和分析，查找原因。主要是对桥梁的投资效益、生态环境等风险进行评价分析，即在前期阶段是否科学、安全和耐久上去查找。

二是从城市桥梁施工阶段风险评价上去查找原因。此阶段桥梁结构处于最薄弱的状态，荷载承载能力最低。桥梁施工风险涉及的内容包括：工程总体概况、施工现场环境、气候条件、地质条件、设备原材料供应情况、设计、施工、监理、建设及招投标情况等。

三是从城市桥梁运行阶段风险评价上去查找原因。主要是利用特定的信息，分析既有桥梁可靠度，并为使桥梁保持一定水平的可靠性做出相应工程决策。一般中小桥梁以评估承载能力为重点，大型桥梁评估一般将评估承载能力与监测系统相结合，充分利用监测系统长期获得监测数据。

四是从城市桥梁所受不可抗力的风险评价去查找原因。主要是指城市桥梁在其生命周期内，可能会受到地震、台风、船舶撞击等灾害的破坏。虽然这些灾害发生的概率较小，但其破坏力极大，必须进行风险评价分析。

14.2.1.2　从常规认识上分析

一是桥梁在施工、管理、技术等方面存在问题，如钱江三桥引桥由于预应力空心板梁长期超载而倒塌。

二是外界实物撞桥和超载，如湖南岳阳余坪大桥因山洪突发桥墩被冲垮，哈尔滨阳明滩大桥因超载发生断裂事故等。

三是自然灾害引起的，如2008年汶川地震引发众多桥梁垮塌。

其中最主要的原因为车辆严重超载、赶工期、非正常设计和施工、工程运营阶段产生的结构病害问题、自然灾害等。

14.2.2　关于制止桥梁结构超载

国外专家曾说过："规范的超载系数，绝不足以防备设计中可能的大错误，但是许许多多的中小错误都可以用规范的超载系数来防备。""规范是分析、设计和偏于安全的思路的结合。"城市桥梁结构的安全性与耐久性是一对孪生兄弟，近些年我们面临的情况是：桥梁结构安全问题虽已受到重视，但各种事故却时有发生；耐久性常被忽略，却存在安全隐患，直接影响桥梁结构的使用寿命，应慎重研究，统筹考虑。国内外的研究和实践都表明，结构耐久性对桥梁的安全运营起着决定性作用。要尽量减少桥梁使用期间的事故，不断提升对桥梁工程耐久性的重视程度，从工程建设的指导思想、制度、技术、养护、运营管理等方面全方位提高桥梁的工程耐久性。

14.2.3　关于延性设计和增强桥梁安全储备

近年来，工程设计领域的专家和学者提出延性设计理念，给我们开辟了新的思路。社会各界应关注和总结车辆严重超载导致匝道倾覆的经验和教训，通过采取技术和管理的防范措施，研究桥梁结构的延性设计，增强桥梁结构自身抗倒塌能力，借鉴建筑和桥梁结构在抗震设计原则中所明确的"达到小震不坏，中震可修，大震不倒"的要求，尽量减少桥梁坍塌，确保人民群众生命安全。不少城市已对独柱支承桥梁预防倒塌进行了深入的研究，并提出了相关技术和管理的防范措施，增强了桥梁安全储备。

14.3 相关对策和建议

2014年7月，住房和城乡建设部下发通知，要求各地加快城市道路桥梁建设改造，保障城市道路桥梁运行安全。因此，对于各种原因所导致的城市桥梁倒塌，必须高度重视，笔者提出以下对策建议：

（1）应充分认识城市桥梁防灾减灾特别是确保城市桥梁安全的重要意义。针对近年来我国极端性天气事件增多、地质灾害频发、人为灾害时有发生的情况，必须将此项工作列为一项长期、艰巨的任务来抓，加强城市桥梁在施工、管理、技术等方面的研究工作。

（2）早些年我国城市桥梁建设发展迅猛，但由于建设周期短，既缺乏深入的研究，又没有成熟的防灾减灾设计规范，当遭到严重灾害袭击时很难保证能从容应对。由于城市基础设施（包括城市桥梁）多数处于超负荷状态，而材料和结构的性能又会由于老化、腐蚀和反复荷载作用的疲劳而蜕化，我们应对已建成的城市基础设施进行防灾管理和维护改造，建立科学的评价制度，加强灾害条件下易损性的研究，对其耐久性和使用寿命建立科学和定量的数据库。

（3）对已建城市桥梁进行详细的调查和检测；推进城市桥梁建设的体制和机制改革，健全各地的灾害管理工作机构和工作程序、制度，配备必要的人员、经费等工作条件，特别是加强灾害发生时部门之间的联动机制。

（4）国内相关的高等院校、科研机构，应和从事城市桥梁建设的设计、施工、监理和建设方密切结合，共同推进我国城市桥梁风险评价领域的发展。要加强对城市桥梁灾害科学的研究，加强对城市桥梁各类灾害的成因分析，加强水灾、地震及不可预见的其他灾害生成肌理、外在表现、损失大小以及造成的社会后果等的系统、科学分析研究，切实减少城市桥梁频繁遭受船舶撞击的现象。

（5）对已出现的城市桥梁垮塌事故，本着科学、客观、公正的态度，将最终结论公之于众，并组织召开专题研讨会，使更多的人从国内外发生的桥梁倒塌事故案例中汲取经验和教训，防微杜渐，通过共同努力，使我国城市桥梁垮塌的风险损失降至最低。

（6）应进一步加强城市桥梁防灾减灾的专题研究，在人力和资金上给予充分的投入，引入创新的理念和运作机制，积极开展城市桥梁风险评价的创造性工作。通过各类工程和非工程措施，提高我国城市桥梁建设的综合防灾减灾能力。

（7）要加强与国际同行的交流，积极关注国际上该领域的发展趋势，开展国内外的学术交流活动，及时了解和搜集相关领域的最新科研成果。

总之，我们应从城市桥梁作为城市生命线工程最重要组成部分的高度，关注城市桥梁垮塌的问题，充分认识城市桥梁安全的重要性，大力促进我国城市桥梁防灾减灾方面的技术进步，推动我国现代城市桥梁建设的可持续发展。